学校で使える

心理技法 入門

岡本 泰弘 著

少年写真新聞社

もくじ

1章 心理技法とは

2章 心理技法の実際

❶ エゴグラム ………… 16

❷ ロールレタリング ………… 25

❸ コーチング ………… 37

❹ アンガーマネジメント ………… 45

❺ アサーション・トレーニング …… 54

3章　効果的に心理技法を行うために

はじめに

　いじめや不登校、暴力行為など、子どもたちの心をめぐる問題が叫ばれて久しくなります。また、2020年、パンデミック（世界的大流行）となった新型コロナウイルス感染症（COVID-19）により、子どもたちの生活様式が一変し、不安や恐怖、隔離などから、さまざまなストレスにさらされ、今後、一層、子どもたちの心のケアが求められてくることは想像に難くありません。

　一方、今回改訂された学習指導要領総則では、小学校、中学校ともに、「カウンセリング機能を充実させることによって、児童（生徒）一人一人の教育上の問題等について、本人またはその保護者などにその望ましい在り方についての助言を通して、子どもたちの持つ悩みや困難の解決を援助し、児童（生徒）の発達に即して、好ましい人間関係を育て、生活によりよく適応させ、人格の成長への援助を図ることは重要なことである」としています。

　学校における教師のカウンセリングは、教師が子どもたちの適応上の問題や悩みを理解し、教師が子どもたちの課題を解決する力を引き出すことを援助しながら、ともに歩んでいくプロセスとゴールであるといえます。では、どのようにして、子どもたちの力を引き出していけばよいのでしょうか。まずは、子どもたちを受容し、共感しながら、話をじっくり聴くことです。しかし、これは簡単なようで、公認心理師や臨床心理士などの資格を持った専門家でさえ、一定のトレーニングを積み、スキルを身につけないと難しいものです。

　そこで、このたび、多忙な学校現場の最前線に立つ先生方に、心理的問題や不適応に陥ったり、陥りかけようとしたりする子どもの認知・感情・行動に働きかけ、子どもたちの心の自然治癒力を促進させ、適応的な変化を図る支援方法を紹介するために、「学校で使える心理技法入門」を発刊することにいたしました。

　本書は、3章から成っています。1章「心理技法とは」では、学校での心理技法の活用方法や集団・個別指導に役立つ心理技法、基本的なカウンセリング技法について紹介しています。2章「心理技法の実際」では、学校現場ですぐに活用できるように、10の心理技法のその効果や手順、資料、ワークシートなどを紹介しています。3章「効果的に心理技法を行うために」では、心理技法を行う場合の注意点や効果が見られない場合など、活用時に教師が気をつけたいことを具体的に紹介しています。

　本書が、先生方の学校現場での教育実践に活用され、子どもたちの人格の成長の一助となることを切に願っています。

岡本泰弘

CD-ROMの構成

　巻末のCD-ROMには、エゴグラムチェックリストとワークシートのPDFファイルが収録されています。各学校の状況に合わせてご活用ください。

フォルダ構成

- 小学生向け
  - egogram checklist_s
  - worksheet_s
- 中学生以上向け
  - egogram checklist
  - worksheet

※小学生向けのファイルには、中学校以上で教わる漢字にルビを入れています。

ご使用にあたって

以下の内容を了解したうえで、CD-ROMが入った袋を開封してください。

【環境動作】
・パソコンで使用するCD–ROMドライブ必須。
・pdfファイルが閲覧できるソフトウエアがインストールされていること。

【著作権に関しまして】
・本書付属のCD-ROMに収録されているすべてのデータの著作権は株式会社少年写真新聞社に帰属します。
・学校内の使用、児童生徒・保護者向けの配布物に使用する目的であれば自由にお使いいただけます。
・商業誌等やインターネット上での使用はできません。
・データをコピーして配布すること、ネットワーク上にダウンロード可能な状態で置くことはできません。

【ご使用上の注意】
・このCD-ROMはパソコン専用です。音楽用のCDプレーヤー、DVDプレーヤー、ゲーム機等で使用すると、機器に故障が発生する恐れがあります。
・CD-ROM内のデータ、プログラムによって引き起こされた問題や損失に対しては、弊社はいかなる補償もいたしません。本製品の製造上での欠陥につきましてはお取り替えいたしますが、それ以外の要求には応じられません。

1章

心理技法とは

教育相談と心理技法

　学校における教育相談といえば、子どもたちが抱える悩みや不安、ストレスを面接や相談などで和らげるというイメージを持たれている先生方も多いと思います。「中学校学習指導要領解説　特別活動編（2008）」では、「教育相談は、一人一人の生徒の教育上の問題について、本人又はその親などに、その望ましい在り方を助言することである。その方法としては、1対1の相談活動に限定することなく、すべての教師が生徒に接するあらゆる機会をとらえ、あらゆる教育活動の実践の中に生かし、教育相談的な配慮をすることが大切である」とされています。

　また、「生徒指導提要（2010）」では、教育相談の目的を、「児童生徒それぞれの発達に即して、好ましい人間関係を育て、生活によく適応させ、自己理解を深めさせ、人格の成長への援助を図るものである」とし、発達心理学や認知心理学、学校心理学などの理論と実践に学ぶことの大切さを述べています。

　このように、教育相談は、特定の教師や相談室だけで行うものではなく、すべての教師があらゆる機会で、子ども一人ひとりの健全な成長・発達を目指し、的確に指導・支援するものと捉えることができます。

　心理技法（本書では心理療法と同義として用います）とは、「人間の意識と行動を適応性の高いそれらに変容させる心理的な技法」（1995, 蓮見）や「心理的な原因によって生じた感情や行動の不適応に対して、心理的な手段で治療する方法の総称」（1988, 富本）と定義されています。すなわち、学校教育における心理技法とは、心理的問題を抱えた子どもや、不適応に陥っている子どもや陥りかけている子どもの認知・感情・行動などに働きかけ、適応的な変化を図る支援と考えることができます。

学校での心理技法の活用方法

　学校における教育相談の機能として、「問題解決的教育相談」「予防的教育相談」「開発的教育相談」の３つが挙げられます。

　「問題解決的教育相談」とは、いじめ、不登校、非行、学習障害などの問題を持ち、特別な指導・支援が個別に必要な子どもに対して、子どもの潜在的な能力や周りの援助資源を活用しながら、学校生活が送れるように指導・支援するものです。「予防的教育相談」とは、問題行動が生じて慢性化する前に、問題を持つ可能性の高い子どもや登校しぶり、学習意欲の減退など、問題傾向が表れた子どもを対象に、問題がそれ以上大きくならないように指導・支援するものです。「開発的教育相談」とは、すべての子どもを対象に、個性を生かし、社会性を身につけ、自己実現が図れるように成長を指導・支援するものです。これらの教育相談の機能をうまく働かせるために、心理技法を活用することができます。

問題解決的教育相談

　問題を解決するためには、まず、子どもの抱える問題を発見することが大切です。しかしながら、子どもの問題には発見しづらいものが多く、たとえ問題がわかったとしても、その問題が生じる原因や背景を理解しにくい場合が少なくありません。そこで、子どもの問題をいち早く発見し対処するためには、教師の観察眼が重要になってきます。適切な観察眼は、得られた情報から的確な心理的解釈を行うことを可能にします。そのためには、これまでの教師自身の経験や勘に頼った主観的理解にとどまった判断だけでは限界があります。教師には客観的理解につながるバックボーンとなる体系的知識や理論が必要になってきます。そのよりどころとなるのが、心理技法の背景理論です。心理技法の臨床学的アプローチが、子どもの問題を捉えることを容易にし、実践に裏づけされたアセスメントとなり、早期発見、早期対応につながっていくのです。

予防的教育相談

　問題を未然に防ぐことは決してたやすいものではないことは、現場の先生方がよくご存じかと思います。子どもたちは学校のみならず、家庭や地域で生活を送っており、教師ひとりですべてを把握することは困難です。そこで、心理技法が役立つのです。人は本来、よりよく成長していこうとする能力を持っています。心理技法は、さまざ

まな心理的手法でその能力に働きかけ、クライアント（子ども）の心のホメオスタシス機能を促進させていきます。具体的には、自尊感情や自己肯定感、社会的能力を向上させることができます。社会的能力には、「自己表現力」「自己コントロール力」「状況判断力」「問題解決能力」「親和的能力」「共感能力」などがありますが、心理技法は活動を通してこのような能力を育成することができ、子どもを主体的な生き方へと導きます。つまり、問題を未然に防ぐ力を高めていくことになるのです。

開発的教育相談

　学校において、すべての子どもの心理的な成長を支え、学級や学校全体の教育活動を展開していくことは基本であり、いうまでもありません。これからは、学校教育全体を通しての教育相談を一層充実させる必要があります。そのためには、教師がそれぞれの力を活かしてひとつのチームとして教育実践に取り組んでいくことが求められます。その際、教師間の共通理解は不可欠なものとなってきます。組織的教育活動を展開するにあたって、心理技法という共通の手法は学校全体でコンセンサスを得るものとなります。実際、私も中学校の教育現場において、学年で統一した心理技法を計画的に導入することで、開発的教育相談が円滑に展開されたことを経験しています。

集団指導で役立つ心理技法

　子どもは集団活動によって、多様な他者とともに、よりよい生活及び人間関係を築こうとする態度や公共の精神など、社会で自立するために必要な力を身につけます。「生徒指導提要」(2010) では、集団指導における教育的意義について、「社会の一員としての自覚と責任の育成」「他者との協調性の育成」「集団の目標達成に貢献する態度の育成」の３点を挙げています。心理技法は、これらを促進させる働きを持っているのです。

　社会の一員としての自覚と責任の育成については、構成的グループエンカウンター (p.93〜) やピア・サポート (p.82〜) のエクササイズ及び主活動を通して、ルールやマナーを守り、お互いに協力しながら各自の責任を果たしていくことを学びます。

　他者との協調性の育成については、おのおのの心理技法後に行うシェアリングにより、互いを尊重し、よさを認め合えるような親和的な人間関係を形成することができます。また、他者とうまく協調していくには、自分の意見をしっかり述べるとともに、他者の意見を理解することに努めたり、自分の感情や行動をコントロールしたりすることが必要です。それには、アンガーマネジメント (p.45〜) やアサーション・トレーニング (p.54〜) が有効です。

　集団の目標達成に貢献する態度の育成については、上述した構成的グループエンカウンターはもちろん、各種心理技法を工夫し、集団における共通目標を設定し、その目標を達成させるために、子ども一人ひとりにその役割や分担を体験させることも可能です。さらには、ピア・サポートやブリーフセラピー (p.64〜) などを活用し、学級や学校で日々起こるさまざまな問題や課題に対して、その解決に向けた取り組みを行うことで、集団に貢献する態度を育てることもできます。

個別指導で役立つ心理技法

　個別指導とは、個を高めることを意識して行う指導のことです。心理技法といえば、個別指導とすぐに結びつけられる先生方もいるかもしれません。ただ、子ども個人を集団から離して、保健室や別室で指導することが効果的なこともあれば、学級や小集団などの働きを生かしながら、その人間関係の中で指導することが効果的な場合もあります。

　個別指導では、「個性を生かす教育」が重要なことはいうまでもありません。一人ひとりのよさや違いを大切にしながら、社会で自立していくために必要な力を身につけられるように支援していきます。

　心理技法は、成長を促す個別指導として、すべての子どもを対象に自己理解や自己受容、他者理解や他者受容を促進させ、個性を伸ばしたり、自身の成長に対する意欲を高めたりすることができます。また、諸課題を持つ子どもに対して、不安や悩みを軽減させるとともに、本人自身の力で解決できるように援助することで、予防的な個別指導として、問題の未然防止、早期発見、早期対応を可能にします。さらに、状況にもよりますが、深刻な問題や課題を抱えた子どもに対して、課題解決に焦点を当てた課題解決的な個別指導として用いることができるのです。

基本的なカウンセリング技法について

　教育相談の場面で、いざ子どもから話を聞こうとするとき、沈黙が続き、教師に対して話をすることをためらう姿が見られる場合があります。そこで、相談場面においてはカウンセリングの技法を用いて、子どもたちが心を開き、安心して話せる雰囲気づくりを心がけることが大切です。ここでは、基本的なカウンセリング技法について紹介します。

言語的技法

傾聴	積極的に相手の話に耳を傾けます。相手の話に対して、よくうなずき、ときにはこちらから質問します。 （例）「そう」「大変だったね」など
受容	批判したくなったり、反論したくなったりしても、その気持ちを抑えて、子どもの気持ちを考えながら聴きます。
つながる言葉	はじめは相談に来たことを歓迎したり、ねぎらったりする言葉かけを行います。 （例）「来てくれてありがとう」「放課後、お疲れさま」など
繰り返し	教師が、子どもが言ったことと同じことを繰り返して言うと、子どもは自分の言っていることが教師に届いているという実感を得て、自信を持って話すようになります。 （例）子ども「もう少し頑張りたい」 　　　　教師「うん、もう少し頑張りたいね」など
明確化	上手に表現できないものを言語化して心の整理を手伝います。 （例）「○○さんはこのように思っているんだね」など
支持	子どもの言動に賛意を表します。 （例）「先生もそう思うよ」など
質問	話を明確化するときや意味がはっきりしないときに確認する場合、より積極的に聴いているよと伝える場合などに質問を行います。 （例）「どんなことですか。詳しく聞かせてくれますか？」など
自己解決を促す	本人の自己解決力を引き出します。 （例）「あなたとしてはどうしようと考えていますか？」など

非言語的技法

姿勢	足や腕を組んだり、のけぞったりするなど威圧的態度はとらないようにします。
視線	相手の目の周辺に視線を合わせます。ただし、凝視はしないようにします。
表情	やわらかく相手を受け入れるように心がけます。
うなずき	相手の話した内容を聞いているサインとして用います。
声の調子、強弱	声の調子は比較的低く、ゆっくり、はっきり話すようにします。
呼吸合わせ	大きく呼吸し、相手の呼吸のペースを感じ取るようにします。

心理技法
の実際

1 エゴグラム
Egogram

エゴグラムとは

　エゴグラムは、アメリカの心理学者ジョン・デュセイによって考案され、人の観察可能な行動（言語、表情、姿勢、しぐさなど）を、その発生頻度によってグラフ化し、その人全体の心的エネルギーを視覚的にわかりやすくしたものです。もとになっているのは、デュセイの師であるアメリカの精神科医エリック・バーンが開発した交流分析です。交流分析とは、人間関係やコミュニケーションに関するパーソナリティ理論であり、個人が成長し変化するための体系的な心理技法です。

　エゴグラムはこの交流分析の考え方が大きく関わっており、人と人との交流（コミュニケーション）に重点を置き、自分自身への「気づき」から自分を変えて適切なコミュニケーションがとれるようにします。

　エゴグラムは、人の心を5つの部分に分け、どの部分が主導権を握っているかで、自分の性格傾向や行動パターンを捉え、特に対人関係のとり方を把握するのに役立ち、適切なコミュニケーションづくりに有効です。

エゴグラムの効果

自己指導能力の育成

　自分の性格傾向や行動の特徴を実際にグラフにしてみることで、自己理解が促進されるとともに、自己の目標が明確になり、自己の在り方を変えるために決断し、実行するといった自己指導能力が育成できます。

良好な人間関係の構築

　自分の特徴や対人関係の行動パターンを理解することで、周囲との円満なコミュニケーションを心がけることができ、他者と良好な人間関係を築くことができます。

自己肯定感の向上

　今まで無意識に行っていた日常の行動パターンを、理想の自分になるために意識的に変え、その結果、望ましい自分を獲得することで、自分自身をコントロールできることに気づき、自己肯定感を高めることができます。

5つの心の働き

　エゴグラムでは、人の性格を5つの心の働き〈CP・NP・A・FC・AC〉に分けて捉えます。そして、どの部分が主導権を握っているかで、その人の性格傾向がわかるのです。

CP（Critical Parent）　批判的な親

　信念に従って行動する親の心です。自分の価値観や考え方を正しいものとし、他人を批判したり非難したりします。正義感や道徳心、責任感、良心などと深く関連しています。しかし、この部分が強過ぎると、支配的な態度や命令口調が目立ちます。逆に低過ぎると、批判力に欠けたり、物事にルーズだったりする傾向があります。

プラス面 几帳面／規律を守り、けじめを重んじる／リーダーシップをとる／高い理想や目標を持つ／筋を通す

マイナス面 圧力をかけたり一方的に決めつけたりしがち／偏見を持つ／相手を受け入れない

NP（Nurturing Parent）　養護的な親

　思いやりをもって世話をする優しい親の心です。親切で寛容な態度で親身になって人の面倒を見る優しさがあります。しかし、この部分が強過ぎると、過保護やおせっかいとなります。逆に低過ぎると、冷たく拒絶的で、他人のことを気にかけない傾向があります。

プラス面 親切で面倒見がいい／思いやりがある／気配りができる／人に寛容である／いたわったり励ましたりする

マイナス面 お節介／押しつけがましい／他人の自主性を損なう

A（Adult）　合理的な大人

　事実に基づいて物事を判断しようとする合理的な大人の心です。データを集めてコンピュータのように論理的に処理していきますが、感情はあります。しかし、この部分が強過ぎると、打算的で理屈っぽく、冷たいと誤解されたり、逆に低過ぎると、現実に疎く、冷静な状況判断を欠くため、非常識と見なされたりすることがあります。

プラス面 客観的／情報を集めて問題を解決する／理性的・知性的／自分の判断や行動に自信がある／落ち着いている

マイナス面 人情や他人の気持ちがわかりにくい／打算的／人間味に欠ける

FC（Free Child）　自由な子ども

　自分の欲求のままに振る舞い、自然の感情をそのまま表現する自由な子どもの心です。明るく無邪気でユーモアに富んでいます。しかし、この部分が強過ぎると、自己中心的に振る舞ったり、衝動的だったりします。逆に低過ぎると、無気力で表情の変化に乏しい傾向があります。

プラス面 人生を楽しむ／自由奔放・天真爛漫（てんしんらんまん）／好奇心が強い／社交的で自由な発想がある／明朗快活である

マイナス面 自己中心的でわがまま／衝動的・本能的に行動する／感情的で幼い

AC（Adapted Child）　従順な子ども

　自分の本当の気持ちを抑えて相手の期待に沿おうと努める従順な子どもの心です。協調性や忍耐力があり、社会規範に従います。しかし、この部分が強過ぎると不満が高じて、主体性がなく依存的で、屈折した反抗心を持ったり、現実から引きこもったりします。逆に低過ぎると、反抗的、独善的な傾向を示します。

プラス面 素直で従順／協調性がある／慎重／気遣いができる／我慢強い

マイナス面 人の反応を気にする／本心を隠す／自主性がない／消極的で遠慮がち

エゴグラムチェックリスト

　以下の質問に、はい○、どちらともいえない△、いいえ×で答えてください。できるだけ○か×で答え、あまり深く考えずに、直感で答えましょう。

CP

1	何事もきちっとしないと気がすまない	
2	人が間違ったことをしたとき、なかなか許さない	
3	自分を責任感が強い人間だと思う	
4	自分の考えを譲らないで最後まで押し通す	
5	礼儀作法について厳しいしつけを受けた	
6	何事もやり始めたら最後までやらないと気がすまない	
7	親から何か言われたらその通りにする	
8	「〜しなくてはいけない」という言い方をよくする	
9	時間やお金にルーズなことが嫌い	
10	自分が親になったとき、子どもを厳しく育てると思う	

FC

31	おしゃれが好き	
32	みんなと騒いだり、はしゃいだりすることが好き	
33	「わぁ」「すごい」などの感嘆詞をよく使う	
34	言いたいことを遠慮なく言える	
35	うれしいときや悲しいときに、表情や動作で自由に表すことができる	
36	欲しいものは手に入れないと気がすまない	
37	異性の友だちに自由に話しかけることができる	
38	人に冗談を言ったり、からかったりすることが好き	
39	絵を描いたり、歌ったりすることが好き	
40	嫌なことをはっきり嫌と言う	

NP

11	人から道を聞かれたら親切に教えてあげる	
12	友だちや年下の子を褒めることがよくある	
13	人のお世話をするのが好き	
14	人の悪いところよりもいいところを見るようにする	
15	がっかりしている人がいたら、慰めたり元気づけたりする	
16	友だちに何か買ってあげることが好き	
17	助けを求められると引き受ける	
18	誰かが失敗したとき、責めないで許す	
19	弟や妹、または年下の子をかわいがる	
20	食べ物や着るもののない人がいたら助けてあげる	

AC

41	人の顔色を見て行動をするような癖がある	
42	嫌だと言えずに抑えてしまうことが多い	
43	劣等感が強い	
44	何か頼まれると、すぐにやらないで引き延ばす癖がある	
45	いつも無理して人からよく思われようとする	
46	本当の自分の考えよりも、人の言うことに影響されやすい	
47	憂うつな気持ちになることがよくある	
48	遠慮がちで消極的な方だ	
49	親の機嫌をとるような面がある	
50	内心では不満なのに、表面では満足しているように振る舞う	

A

21	いろいろな本をよく読む	
22	何かうまくいかなくてもあまりカッとしない	
23	何かを決めるとき、いろいろな人の意見を参考にする	
24	初めてのことをする場合、よく調べる	
25	何かをする場合、自分にとって損か得かよく考える	
26	何かわからないことがあると、人に聞いたり相談したりする	
27	体の調子が悪いときは無理をしないように気をつける	
28	人と冷静に話し合うことができる	
29	勉強や仕事をテキパキと片づけていく	
30	迷信や占いなどは絶対に信じない	

　○は2点、△は1点、×は0点として、それぞれの項目ごとに合計点を出しましょう。

合計点

CP	NP	A	FC	AC

エゴグラム活用方法

　エゴグラムは、自分の心的エネルギーの働きを見るものです。CP、NP、A、FC、ACの5つの心の働きのバランスをグラフ化し、自分自身の心の働きを知ることができます。人は自分自身のことを知っているようでなかなかわかっていません。エゴグラムで自分自身の心の働きを客観的に見ることで、よりよい方向へ自分を変えていこうというものです。

① 目標をはっきりさせる

　自分が実施したエゴグラムの上に、「こうありたい」と望む理想のエゴグラムを描きます。次にどの箇所をどのように変えたいかを考えます。一般に、NPとFCを高くして、ACをそれよりも低くする方向に目標を定めるのがよいとされています。

② 高い箇所を縮めるより、低い箇所を伸ばす

　最もその人らしい行動を起こすのは、一番高い箇所です。性格の主導権を握っている優位な箇所を無理に縮めようとしてもなかなかうまくいきません。むしろ低いところを伸ばしていくほうが効果的です。心のエネルギー量は一定とされており、ある部分を上げると、ほかの部分は自然と下がっていきます。

③ 抵抗に気づく

　自分を変えていく際に、ある種の抵抗を感じます。それは自分で性格を変えるべきだとわかっていても、変わるのは苦痛で嫌だという葛藤が生じるからです。変容を妨げるのはたいていエゴグラムから見ると一番高い部分です。そのジレンマを理解して、自分が無理をしない範囲で根気よく変わっていくことが大切です。

エゴグラムで自分を変える

　エゴグラムでなりたい自分に変える方法について具体的に説明します。

　最初に、自分が行ったエゴグラムを眺めます。その中で自分の低いところに注目します。下図の「今の自分」のエゴクラムでは、CPとFCが低い部分です。CPとFCが低いということは、思ったことや言いたいことが言えずにストレスをためて自己犠牲的になりやすい傾向があるということです。そこで、適切に自己主張しながら、意欲的に行動できるようにCPとFCを上げていきます。

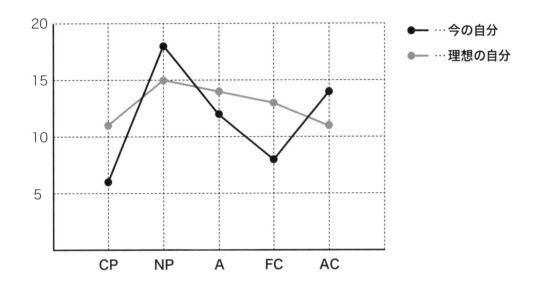

　まず、CPとFCを上げる言葉や行動を紙などに書き出します。例えば、CPを上げるためには、「私は〜と思う」とはっきりと自分の意見を述べるようにしたり、生活時間の計画を立て、きちんと時間を守ったりします。また、FCを上げるためには、「やってみよう」をよく使ったり、自分から進んでみんなの中に入っていくようにしたりします。

　次に、それらが毎日実行できたかどうかをチェックします。自分でわからないときは、周りの人に見てもらうのもよいでしょう。これを1か月ほど続けていくと、「心的エネルギー　一定の法則」により、低いCP、FCが上がるとともに高いNP、ACが下がっていきます。つまり、信念を持って行動するCPが上がることで、これまで寛容過ぎたNPが下がり、自発性が高いFCが上がることで、依存的なACが下がり、人間関係が良好になっていきます。このようにして、理想の自分へと近づいていくのです。

５つの心の働きを変えてみよう

　エゴグラムの低いところを上げるためには言葉や態度を変えることです。以下の例を参考にして、普段の生活で意識するといいでしょう。

 CPを上げるために

言葉…はっきり自分の意見を述べる／「〜は好きだ」「〜は嫌いだ」という言い方をする

行動…無駄口を言わない／自分の意見を引っ込めない／時間やお金に厳格になる／約束の時間を守る／生活時間の計画を立てる／自分の意見を主張する／目標を立てて最後まで努力する／責任感を持つ

 NPを上げるために

言葉…「よくできたね」と相手を褒める／「どうですか」と相手を思いやる／「つらいね」と相手の気持ちを思いやる／「ありがとう」をよく使う

態度…他人への親切を心がける／人の失敗や欠点を責めない／相手に対して関心を示す／まとめ役などを進んで引き受ける／自分から進んで挨拶をする／困っている人には手を貸す／相手のよい面を中心に見る／動物や草花などを心を込めて育てる

 Aを上げるために

言葉…「詳しく説明してください」と理由を求める／「〜ということですか」と相手の話を確かめる／「言いたいことは何ですか」と焦点を当てる／疑問詞（５Ｗ１Ｈ）を使う

態度…新聞やニュースなどをよく見る／難しい内容の本を読む／筋道を立てて論理的に考える／人の話をうのみにするのではなく自分で確かめる／新しい物事に関心を持ち自分で調べる／言いたいことやしたいことを文章にする／最後まで相手の話を聞く

 FCを上げるために

言葉…「それは面白そう」をよく使う／「やってみよう」をよく使う／感嘆詞を多用する／冗談を言う／「おいしい」「きれい」などと素直に表現する

態度…自然の中で活動する／芸術を楽しむ／嫌なことがあったときは気分転換をして楽しいことを考える／心から楽しめる趣味を持つ／今までやったことのない新しいことに積極的に取り組む／自分から進んでみんなの中に入っていく／鏡を見て面白い顔をする

 ACを上げるために

言葉…「大丈夫ですか」をよく使う／「すみません」をよく使う／「これでいいですか」と尋ねる／「あなたはどう考えていますか」と相手をうかがう

態度…家族や友だちの選んだテレビ番組や映画に従う／相手の話に相づちを打つ／相手をたて、相手の立場を優先する／自分が話すよりも相手の話を聞く／相手の気持ちを気遣う／何かをするとき、相手の許可を得てからする／批判せずに言われたとおりに行動する

エゴグラムの授業実践例

児童生徒の活動	指導のねらい・留意点
1．自分の性格について考える 2．エゴグラムチェックリストに記入し、グラフを作図する	・人には長所と短所があることに気づかせる。 ・気づくことが自己を変える第一歩であることを理解させる。 ・エゴグラムで優劣を決めるものではないことを確認させる。 ・教師がチェックリストを読み上げ、深く考えずに直感で記入させる。
3．エゴグラムについて理解する 　・エゴグラムとは 　・エゴグラムの5つの心の働き 4．自分の心の状態を知る	・エゴグラムは、その人全体の心的エネルギーを視覚的にわかりやすいようにグラフ化したものであることを理解させる。 ・エゴグラムは、自分の性格傾向や対人関係のとり方を把握し、適切なコミュニケーションづくりに有効であることを理解させる。 ・高い部分や低い部分の特徴をつかませる。 ・エゴグラムは成長とともに変化することを理解させる。 ・自分のエゴグラムを参考に、今の自分を客観的に捉えさせる。
5．自分のエゴグラムを参考にめあてを立てる 6．よりよく自分を変えるために、具体的な方法を考える	・自分のエゴグラムの上に、色ペンで「こうありたい」と望む理想のエゴグラムを描かせる。 ・「5つの心の働きを変えてみよう」（p.22）を見ながら低い部分を上げる方法を考えさせる。 ・自分を変えるためには「抵抗」が生じることを理解させる。 ・自分を変えるということは、エネルギー配分を変えることを理解させる。 ・自分を変える望ましい行動を考えさせ、ワークシート①（p.24）に記入させる。
7．本時を振り返る	・本時を個人で振り返らせ、その後、グループでシェアリングさせる。 ・各自のエゴグラムの結果を中心に話し合うのではなく、お互いの感想や意見を自由に交換させるようにする。 ・いくつかのグループに発表させ、最後に教師が肯定的なフィードバックを返し、まとめとする。

✏ エゴグラムワークシート①

エゴグラムで自分を知ろう

名前　＿＿＿＿＿＿＿＿＿＿＿＿＿＿＿＿＿＿＿＿

（1）エゴグラムのグラフを記入してみましょう。

	CP	NP	A	FC	AC
20					
18					
16					
14					
12					
10					
8					
6					
4					
2					
0					

＜採点方法：〇2点　△1点　✕0点＞

（2）エゴグラムでいちばん高い部分の特徴を挙げましょう。

　プラス面　　　　　　　　　　　　マイナス面

（3）エゴグラムでいちばん低い部分の特徴を挙げましょう。

　プラス面　　　　　　　　　　　　マイナス面

（4）理想のエゴグラムを（1）の上に、色ペンで描きましょう。

（5）今のエゴグラムのいちばん低い部分を上げるための言葉と行動を挙げましょう。

　言葉　　　　　　　　　　　　　　行動

（6）今日の学習の感想を書きましょう。

② ロールレタリング
自己と他者の役割

Role lettering

ロールレタリングとは

　ロールレタリングは、自分自身が自己と他者のとの双方の役割を演じて、往復書簡する心理技法です。個人がまず他者へ向けて手紙を書き、次に他者の立場になり、その手紙に自ら返事を書くという自己カウンセリングの方法のひとつです。自分自身が自己と他者の役割を変えながら往復書簡を重ねることによって、相手の気持ちや立場を思いやり、心に抱えるジレンマに気づき、自己の問題解決を促進することがねらいです。

　この心理技法は、役割交換書簡法ともいわれ、ゲシュタルト療法の空いすの技法にヒントを得て、1984年に西九州大学名誉教授の春口徳雄氏により、日本交流分析学会全国大会において、初めて提唱されました。ゲシュタルト療法とは、人が持つ両極性（プラスとマイナスの思考や感情）の対決を図るものです。空いすの技法とは、自分の前に置かれたいすの上にイメージの中の自己や他者、物などを座らせて対話する技法です。このいすの代わりに手紙を用いるものがロールレタリングです。

　ロールレタリングは、そもそも少年院で矯正療法として用いられてきました。現在は、心の教育や精神の不安定な患者の治療及びケア、学校教育や医療、健康福祉の現場など、さまざまな分野に導入されています。

ロールレタリングの効果

ストレス反応の軽減

　　ロールレタリングは、自分自身に問いながら、沸き上がってくるありのままの感情や考えを文章化していくことで、自己の感情や思考を明確化することができ、ストレス反応の軽減効果があります。

自尊感情の高揚

　　さまざまなテーマの人物から自分自身が受け入れられていることを再認識させることで自己受容が促されたり、自分自身の成長を再確認させることで自分を肯定的に捉えるようになったりして自尊感情が高揚していきます。

共感性の向上

　　自己と他者の両者の立場に立って交互に手紙を交換し、相手の視点で自分自身を見つめ直していくことから、相手を気遣う言動が見られるようになり、共感性が向上します。

ロールレタリングの利点

思いや考えを自由に書き表すことができる

　　ロールレタリングは原則として、誰にも見せません。ですから、相手に対する敵意や反感などの否定的な感情を自由に書き表すことができます。つまり、安心して自分の心の中にある思いや考えをストレートに表出することができ、自分の問題性に気づくことができます。

秘密を守ることができる

　　他人にあまり知られたくないことは、たとえカウンセラーに対してでも、秘密にしたいものです。カウンセリング場面において、クライアントがカウンセラーに必要以上に話し過ぎたことを、後で後悔するケースは少なくありません。一方、ロールレタリングは、原則として書いた内容を誰にも見せないので、秘密を守ることができます。

カウンセラーとクライアントの感情対立を生じさせない

自分を変えるためには、今の自分を変える不安や恐怖から生じる抵抗を克服し、解決していかなければなりません。しかし、どうかすると、その抵抗がカウンセラーに向けられ、カウンセラーとクライアントの関係が対立してしまうことがあります。ロールレタリングは、クライアント自身の内部対話により、自らを客観的に観察し、感情が明確化するため、内部葛藤は徐々に消えていきます。自分自身がカウンセラーであり、クライアントでもあるため、感情対立は生じないのです。

カウンセラーの役割を保つことができる

担任教師と子ども、あるいは親と子の間には、本質的に命令と服従、叱責と支持といった相反する調和しにくい面が存在します（ダブルロール）。ときにはそれが、対立や断絶といった結果をもたらすこともあります。ロールレタリングはクライアント自身がカウンセラーになり、自己内カウンセリングを行うので、そのようなことは心配ありません。教師は子どもたちに、一種のヘルパー的存在で関わればいいのです。

集団での実施が可能である

ロールレタリングはクライアント自身がカウンセラーでもあります。一人ひとりに時間と場所を確保してあげるだけで、一斉にカウンセリングを実施することができます。学校のようにひとりの教師が40人近いクラスを対象にしている場では最適です。

ロールレタリングの手順

①ロールレタリングのテーマを決める

テーマとは、手紙を書く対象となる人や物のことです。手紙を書くときは、テーマとなる対象を一生懸命イメージすることが大切です。ロールレタリングに用いる用紙を一人ひとりに配布するときに、子どもに目を閉じさせ、テーマをイメージさせます。ここでしっかりイメージできれば、スラスラと手紙を書くことができます。

集団で行う際は、教師のねらいに応じてテーマを統一するとよいでしょう。

②手紙を書く

誰とも話さず、書きます。形式は自由なので、マンガ風に書いたり、縦書きにしたり、色ペンを使ったりしても構いません。手紙をほかの人に見せたり、内容について話したりしないようにします。

書く時間については、回を重ねていくことで早く書けるようになりますが、15分くらいが適当でしょう。子どもの実態に応じて、30分以上かけてじっくり取り組ませることもできます。

15分でできるので、朝や帰りのホームルームの時間や、学級活動の最初の15分でも実施可能です。または、道徳の題材に合わせてロールレタリングを取り入れ、授業の中でじっくり考えさせるのもよいでしょう。

③3～4日、期間をおいて返事を書く

返信の作業こそが、ロールレタリングの神髄だといっても過言ではありません。これがスラスラ書けるようになると、思いやりの気持ちが育ってきたと思ってもいいでしょう。最初はなかなか書けませんが、回を重ねるうちに、少しずつ書けるようになっていきます。

往信と返信との間は、3～4日程度開けたほうが自分の書いた内容を客観的に捉えることができます。

〈用意するもの〉

　基本的に紙と鉛筆だけあればＯＫです。ロールレタリングに用いる用紙は、便せんや原稿用紙、プリント、ノートなど、何でも構いません。ノートは、保管に便利であり、後で、これまでの自分自身の気持ちを振り返ることができます。

　筆記具についても、色つきサインペンやマジックなど、自由です。子どもによっては、気分によって色を使い分けている場合もあります。ペンやマジックはスラスラと書き心地がよく、あふれ出た思考や感情を一気に気持ちよく書くことができるようです。

〈書いた内容について〉

　教師は書いた内容を見ません。もちろん、親や友だちにも見せないので、本音で書くように指導します。形式については自由で、場合によっては、絵を描いたり吹き出しを使ったりしてマンガ風に書いてもよいのです。また、学年を問わず、誤字、脱字、文章量などについては気にしないように指導します。

ロールレタリングの注意点

子どもとの信頼関係をつくる

「内容は見ない」と約束している場合、興味本位でロールレタリングの内容を見るべきではありません。しかし、命にかかわるようなサインを出している場合は、教育者という立場で目を通す必要があるでしょう。ただし、やむを得ず見た場合も、内容を用いての指導は絶対にすべきでないことはいうまでもありません。また、逆に内容を見てほしい子どもには、付箋を貼らせるのもひとつの方法です。

早急に効果を求めないようにする

私たち教師はすぐに効果を求めようとしがちです。しかし、ロールレタリングの効果は、教師ではなく子ども自身が感じることが最も大切です。「気づき」は一瞬にして生じることが多いといわれますが、教師は「ロールレタリングの効果は漢方薬のようにジワーッと現れてくるのだ」という大きなスタンスが必要でしょう。

書いた内容を見せたり話したりさせない

原則として、教師に思いや気持ちを伝える以外は、ロールレタリングで書いた内容をクラスの仲間や友だちに見せたり、話したりさせないようにしましょう。安易にそのようなことを許すと、「私→友だちへ」のロールレタリングで「ぼくはＡ君に悪口を書いたよ」「私もＡ君にムカついたことを書いた」などとなり、逆にいじめにつながる危険性があるからです。

書かない、書けない子どもがいても叱らない

書かない、書けないことにも意味があります。「なぜ書かないのかな？　テーマと関係なく、書かない理由でも何でもいいから書いてみよう」などの返しができればベストでしょう。また、書いていなくても頭の中で考えていることもあるので注意してください。

机間巡視は控え、温かく見守る

授業では、教師が机間巡視することは当然ですが、ロールレタリングに関しては、それを控えてください。なぜなら、教師からノートをのぞかれているのではないかと思い、落ち着いてロールレタリングに取り組めないからです。また、行っている最中

は、教師は教壇の前で一人ひとりを温かく見守ってほしいと思います。子どもには
ロールレタリングをさせ、教師が別の仕事をせっせとしているようでは、子どもはあ
まり真剣に取り組もうとはしません。教師が一人ひとりの悩みや訴えを受容的に聞い
ているのだというカウンセリング的態度が必要です。

高圧的・権威的な態度で行わない

　心理技法全般にいえることですが、治療者がクライアントに強制的に押しつけて実
施させてもうまくはいきません。

　ロールレタリングも同様で、例えば教師が「今日はいじめがあったからロールレタ
リングをする」などと言って指導的立場で行っても、本心でノートに向かうことは少
ないでしょう。教師は子どもの心の成長を手助けする支援者という立場で実施するこ
とが望ましいと思います。

ロールレタリングと面接を併用する

　ロールレタリングだけでも効果はありますが、面接と併用すると、さらに効果が高
まります。ロールレタリングの内容を見ない代わりに、手紙を書いたときの複雑な気
持ちを受容する面接は効果的です。授業中や休み時間などの行動観察を重視しておく
ことも大切です。また、深刻な悩みや自傷行為が疑われる場合には、面接を行いなが
ら、子どもの心の動きに気を配り、ロールレタリングを行うことが必要です。

ロールレタリングのテーマ例

身近な人を対象に

○私 ⟷ 先生へ　　　　　　○私 ⟷ おうちの人（父・母・姉・弟など）へ
○私 ⟷ クラスの友だちへ　○私 ⟷ おじいちゃん・おばあちゃんへ

学校行事などと関連させて

○私 ⟷ 体育祭のリーダーへ　○私 ⟷ 合唱コンクールのリーダーへ
○私 ⟷ 修学旅行の班員へ　　○私 ⟷ 夏休みを前にした私へ

キャリア教育と関連させて

○私 ⟷ 10年後の私へ　　　　　　○私 ⟷ 1年後の私へ
○私 ⟷ 1年前の私へ　　　　　　　○私 ⟷ 職場体験でお世話になった方へ
○私 ⟷ 小学校を卒業していく私へ　○私 ⟷ 中学校を卒業していく私へ

学校生活と関連させて

○私 ⟷ うまくいかない友だちへ　○私 ⟷ 心配な友だちへ
○私 ⟷ いじめられている子へ　　○私 ⟷ 1年間ともに過ごしたクラスの友だちへ

人物以外を対象に

○私 ⟷ ペットの○○ちゃんへ　　○私 ⟷ 携帯電話へ
○私 ⟷ テレビゲームへ　　　　　○私 ⟷ 学校や会社のルールへ
○私 ⟷ えんぴつ・消しゴムさんへ　○私 ⟷ コロナウイルスへ

その他

○私 ⟷ 大切な○○○へ　　　　○私 ⟷ 私をよくわかってくれる○○○へ
○私 ⟷ 今、話をしたい○○○へ　○私 ⟷ 幼稚園・小学校・中学校時代の私へ

ロールレタリングの授業実践例

児童生徒の活動	指導のねらい・留意点
1．本時のロールレタリングのテーマを聞く	・子どもを落ち着かせ、静かな雰囲気をつくる。 ・机の上の物はすべて片づけさせ、筆記具のみを用意させる。 ・教師がテーマを提示し、板書する。
2．ロールレタリングのノートを受け取る	・教師が一人ひとりの机上にノートを丁寧に置いていく。 ・ノートが配布されている間、子どもには黙想させ、テーマについてイメージさせる。
3．手紙を書く（15分）	・全員にノートを配り終わってから時間を計る。 ・絶対に話をしたり、ほかの人のノートを見たりしないようにさせる。 ・記述の内容は、原則としてテーマに沿って書かせるが、どうしてもテーマと違うことを書きたい場合は、学級全体がそうならないよう慎重に扱う。 ・テーマについて経験がない場合でも想像して書かせる。 ・筆記具の色や素材は自由に使わせる。また、記述形式も自由とする。場合によっては絵を使って表現してもよいとする。 ・書いていない子どもについては、「なぜ、書けないのかな」「今の気持ちはどうかな」などのように問いかけ、そのことについて書かせる。 ・テーマが漠然として書けない子どもには、教師が具体的に書く視点を与える。 ・できるだけ時間いっぱい取り組ませる。 ・ノートを書き終えても、原則としてほかの作業はさせないようにし、静かに待たせる。
4．ノートを提出する	・教師がノートを一人ひとり回収する。

ロールレタリングワークシート①

ストレスを発散させるロールレタリング

名前 _____

（1）ムカついたりイライラしたりしている人に対して言いたいことや考え
ていることを手紙に書いてみましょう。

（　　　　　　　　　　　　）へ

```
 




```

（2）前回書いた（　　　　　　　　　）の立場になって手紙を読んで、返事を
書いてみましょう。

（　　　　　　　　　　　　）から私へ

```
 




```

ロールレタリングワークシート②

自尊感情を高揚させるロールレタリング

名前 _____

（1）あなたの大切な人やあなたをよく理解してくれる人に対して手紙を書いてみましょう。

（　　　　　　　　　　　　）へ

（2）前回書いた（　　　　　　　　　　）の立場になって手紙を読んで、あなたのよさをたくさん挙げながら返事を書いてみましょう。

（　　　　　　　　　　　　）から私へ

ロールレタリングワークシート③

共感性を向上させるロールレタリング

名前＿＿＿＿＿＿＿＿＿＿＿＿＿＿

(1) あなたと意見や考えが合わない人に対して手紙を書いてみましょう。

(　　　　　　　　　　　　)へ

(2) 前回書いた(　　　　　　　　　　)の立場になって手紙を読んで、お互いの意見や考えを尊重しながら返事を書いてみましょう。

(　　　　　　　　　　　　)から私へ

目標達成への
支援

3 コーチング
Coaching

コーチングとは

　コーチ (Coach) の語源は「馬車」です。ハンガリー北部のコークス (Kocs) という村の名前が由来とされ、昔、その村では伝統的に自家用四輪馬車がつくられていたということです。馬車の役割は、「乗る人を望むところまで送り届ける」ことです。そこから転じて、コーチングは、「人の目標達成を支援する」という意味で使われるようになりました。心理技法としてのコーチングは、「相手の中にある可能性を引き出し、自発的な行動を促進させ、その人の夢や目標の実現をサポートするコミュニケーション」と考えていいでしょう。

コーチングの効果

自発的、主体的行動の促進

　コーチングスキルを活用し、自分がとるべき行動を明確にさせることで、自発的、主体的行動を促します。

問題解決能力の育成

　子どもはコーチングスキルによって問いかけられ、その答えを導き出すプロセスを通して、頭の中が整理され、問題解決方法の気づきが生まれ、問題解決能力が育成されます。

学習意欲の向上

　子どもの個性を生かしながら、内に秘めた可能性を存分に引き出すことで、子どもの学習意欲を向上させ、短期間での目標達成を可能にします。

コーチングとティーチングの違い

　従来、教育現場では、主に「教え込む」といったティーチングの手法が使われていました。では、いったいコーチングとティーチングはどう違うのでしょうか。

　簡単にいうと、ティーチングは、指示や指導により、教師が持っている「答え」を与えるものであり、コーチングは、傾聴や質問により、子どもが持っている「答え」を引き出すものです。

　それぞれ利点と限界があります。ティーチングの利点として、子どもの問題を早く解決することができ、一度で大勢の対応を可能にし、価値観や方法を統一することができます。限界としては、子どもの個性は活かされず、受け身にさせ、教師の知識や経験に左右されることが挙げられます。

　一方、コーチングの利点として、子どもの可能性を引き出し、自発性や創造性を高めるとともに、問題解決能力を育て、当事者意識を持たせることができます。限界として、一度に大勢の対応が難しく、ある程度の時間を必要とし、子どもにまったくの知識や経験がないときは厳しいようです。

　このように、コーチングとティーチングの利点を活かし、うまく組み合わせながら教育現場で活用していくことが求められます。

コーチングの３原則

● 双方向（インタラクティブ）

　教師が一方的にコミュニケーションをとるのではなく、双方向でやりとりを繰り返し、子どもが自分で答えにたどり着けるようにサポートします。子どもに質問し、その質問への答え方を見ながら、共感したり、受け取ったことを伝えたり、さらには関連する質問をしたりして、一緒にゴールを目指していくものです。その際、話す割合は、７：３〜８：２程度で子どもが多く話すようにするとよいでしょう。

● 個別対応（テーラーメイド）

　子どもの個性や価値観に応じてコミュニケーションをとっていきます。その人の体型に合わせて服を作るテーラーメイドのように、コミュニケーションも一人ひとりに応じてデザインします。人の捉え方や思考・行動パターンは多種多様で異なるため、全員に画一的な方法をとっても思うような効果が望めません。そのため、個人差を見極めながら、子どもに合わせて、受け取りやすい方法で質問したり、フィードバックしたりします。

● 現在進行形（オンゴーイング）

　フォローアップやフィードバックしながら、継続的に働きかけます。人は常に成長し続けています。特に子どもの時期はなおさらです。１回のコーチングで終わりではありません。コーチングは絶えず進行し、変化し続けなければならないとされています。中長期的かつ複数回にわたるコーチングにより、その都度、子どもの変化に対応し、必要なときには修正をサポートするなど、相手との関わりを持ち続ける姿勢が求められます。

コーチングスキル

　コーチングの機能をうまく働かせるには、「傾聴」「承認」「質問」といった３つのコーチングスキルが必要不可欠です。

　コーチングの傾聴で心がけることは、教師の聴きたいことを優先するのではなく、子どもの言いたいことを聴くことです。受容的な態度で、「そうなんだ〜」「なるほど」など、子どもが話していることに興味・関心を持って聴くことです。その際、教師自身のものさしを脇に置いて、評価や判断を入れずに素のままで聴くことが大切です。

　承認というと、「人を褒めること」と考えられがちですが、それは承認することのほんの一部にしかすぎません。コーチングによる承認は、子どもの存在、成長、成果などを認めることです。そのため、ほんの少しでも子どもに現れている変化や成長、成果に気づき、それを言語化して伝えることが重要です。教師には「当たり前」のことを見逃さない観察力も必要になってきます。

　コーチングでは、質問の力がキーポイントとなります。効果的な質問は、頭の中の漠然としていた考えに道筋をつけるように整理させ、視点を変えて新たな可能性を見出すことを助けます。人は質問されると、脳がそれに答えようと、自分の中にある膨大な情報の中から、その質問に対する関連情報や答えを選定します。その作業により、眠っている能力や価値ある情報を呼び覚ましたり、新たなアイデアを創造したりします。

　ただし、質問を行う際に、決まった結果や答えに到達するように誘導や操作をしないように注意しましょう。

コーチングの実際

　コーチングには、漠然とした目標から具体的行動へと促す問題解決の思考方法としてGROW（成長する・育む）モデルがあります。GROWモデルは、コーチングプロセスの各要素である頭文字を取ったもので、問題を解決するにあたり、適切な順序で確認や行動を行うための基本的なフレームワークです。GはGoal（ゴール）目標の明確化、RはReality（リアリティ）現状の把握とResource（リソース）資源の発見、OはOptions（オプションズ）で選択肢の創造、WはWill（ウィル）で意志の確認です。

Ⓖ 目標の明確化

　まず、最初に目標を明確にします。どうなりたいのか、何がしたいのか、できるだけ具体的にイメージして引き出します。「5W1H」を用いて、「何を」「いつまで」「誰が・誰と」「どんな環境で」「なぜ・どんな」「どのようにして」などと質問していくと、より現実としてイメージができます。

質問例
・何をしたい？　・いつまでにしたい？　・誰がする？　・誰としたい？　・どこでしたい？　・なぜしたい？　・目標達成後はどんなよいことがありそう？　・どのようにしてできそう？　・それはどれくらいやりがいがある？　・最終目標は何？　など

Ⓡ 現状の把握

　次に現状を把握し、目標とのギャップについて確認します。現在、自分はどこにいるのか、どんな状態でいるのかを認識させることが大切です。今、できていることや取り組んでいること、またはできていないことを目指す目標から考えて客観的に捉えていきます。

質問例
・今、どうなっている？　・何が起きている？　・何が課題？　・何をやらなかった？　・どう思っている？　・どんな気持ち？　・どのようにしてできそう？　・達成した状況が100％だったら今は何％？　など

Ⓡ 資源の発見

　同時に、目標を達成するために活用できる自分の資源を探します。ここでは、自分自身の内側の内的資源と周りの外的資源をそれぞれ考えていきます。例えば、内的資源には、意欲、能力、知識、経験、長所、持ち味などで、外的資源には、両親、友だち、先生、知り合い、ペット、宝物、専門機関、時間、場所などがあります。

> **質問例**
> ・好きなことは？　・得意なことは？　・やる気が起きるものは？　・大切にしているものは？　・頑張ったことは？　・忘れられないことは？　・そばにいる人は？　・手伝ってくれそうな人は？　・頼りになる人は？　・安心できるものは？　・ほかの人でうまくいっている人は？　・この問題にあなた以外で影響を与えている人は？　など

Ⓞ 選択肢の創造

　さらに、現状の把握と資源を発見したら、目標とギャップを埋めて、目標達成へ導く具体的な方法を考えていきます。現実的か実行可能かなどの判断をせずに、思いつくまま自由にできるだけ多くアイデアを出させます。思い浮かばない場合は優れた人の解決方法や本などで成功者の体験談を参考にさせてもよいでしょう。

> **質問例**
> ・どんなやり方が考えられる？　・何から始められる？　・どんな準備ができそう？　・ほかにやれることはない？　・何か変えられるものはある？　・以前うまくいったのは何？　・試してみたいのは？　・成功した人はどんな方法をとっている？　など

Ⓦ 意志の確認

　最後に、数多く挙げた目標達成のための選択肢の中から、どれを実行するかを本人に決めさせます。あくまでも行動する本人に選ばせることが大切です。そうすることで、やり遂げる意思を固めるとともに、自主性を育んでいくことにつながるからです。

> **質問例**
> ・やってみたいのはどれ？　・これならやれると思うのは何？　・いつから始める？　・どの順番で行う？　・いつまでに終わらせたい？　・何回やってみる？　・誰に報告する？　・成功の基準や目安は何？　・あなたを支援するために私ができることは何？　・試した結果を教えてくれる？　など

GROWモデルを使って質問を考える

現在、問題を抱えている子どもをイメージして、ＧＲＯＷモデルを使って、現在と未来をつなぐ質問を考えてみましょう。

○目標を尋ねる質問

○現状をつかませる質問

○資源を引き出す質問

○選択肢を創り出す質問

○意志を確認する質問

質問が思いつかないときの質問	元気になる質問	五感を活かす質問
「〜とは？」「〜というと？」「つまりどういうこと？」「今、どんなことを考えているの？」「今まで話をしてみてどう？」	「一番ワクワクするのはどんなとき？」「何をしているときが楽しい？」「一番うまくいったときは何？」	「そのときをイメージするとどんな気持ち？」「そのとき（今）の感触や温度、風はどう？」「周りに誰かいる？ 感じる？」

コーチングワークシート②

なりたい自分をかなえよう！！

名前 _____

（1）（　　　　　　　　）までに自分がどうなっていたらいいなと思いますか？

（2）そうなるために、今までやってきたこと、今できていることは何ですか？

（3）そうなるために、できていないことや足りないことは何ですか？

（4）そうなるために、できることは何ですか？　何をしたらよいですか？

（5）まず何から始めますか？

（6）宣言しましょう。

私は、　　　　　　　　　　　　　　　　　　をします。

（7）やってみてどうでしたか？

感情のコントロール 4 アンガーマネジメント
Anger management

アンガーマネジメントとは

　衝動的な怒りの感情やいらだちをうまくコントロールするための心理教育プログラムを、アンガーマネジメントといいます。怒りの要因を客観的に見つめて考え方を変えることにより、自分の気持ちや問題点を相手に伝え、問題を解決するために適切な行動がとれるように、感情のコントロールを習慣づけるものです。

　怒りという感情は自分の身を守るための防衛反応であり、自分の身に危険が迫ると、とっさに怒りを感じるのは、人にとって必要な本能的感情です。よって、アンガーマネジメントの目的は、「怒らないこと」ではなく、「怒りをコントロールすること」であり、自分の怒りを感情的にならず、上手に相手に伝えることです。

　アンガーマネジメントは、イライラの原因を他人に求め、他人を変えようとするのではなく、「自分を変える」ことを目指しています。

アンガーマネジメントの効果

ストレスを軽減する

　自己の感情をうまく理解し、客観的に受け止めることができるようになります。そのため、今まで感じていた些細（ささい）な出来事にイライラしなくなり、ストレスを軽減することができます。

人間関係が円滑になる

　怒りをコントロールして、その怒りを冷静に相手が納得しやすい表現で上手に伝えることで、円滑な人間関係を築くことができます。

他者へ寛容になる

　自己の価値観が広がり、多様な価値観を理解することができるようになり、他者に対して寛容になります。

アンガーマネジメントの3つの目的

1. 生理的反応への対応

　　ストレスマネジメントを学ぶことで、興奮した身体や心の沈静化を図ります。

2. 認知反応への対応

　　怒りを生み出すのは自分自身であり、怒りの感情や行動は自分自身の捉え方や考え方に大きく左右されます。混乱している心の状態を整理したり、状況を客観的に把握して、視野を広げたりする力や先を見通す力を育成します。

3. 向社会的判断力・行動力の育成

　　衝動的に怒る以外に、自分の気持ちや欲求を、適切な方法で表現するソーシャルスキルを学びます。

怒りのメカニズム

　怒りは脳の扁桃体（へんとうたい）で捉えられますが、怒りに関する反応は、最初に高次認知機能ではなく、原始脳と呼ばれる大脳辺縁系で生じます。「気づいたら相手を殴っていた」といった「キレる」状態は、この原始的な脳の部分での反応がそのまま身体に出てしまったものです。扁桃体で怒りを捉えてから行動を起こすまでの時間は非常に短く、約0.25秒〜2秒といわれています。また、怒りに関係する神経伝達物質であるノルアドレナリンが体内をめぐって興奮状態にさせ、それが落ち着くのが6秒ほどかかるとされています。

　　つまり、この時間をアンガーマネジメントの即効性のあるテクニックを使って、怒りの対象から意識を遠ざけるのです。この時間をやり過ごせれば、高次認知機能を持つ大脳皮質によって怒りを処理でき、周囲の状況を分析し、この怒りが理にかなっているかどうか、どのような言動をとればよいのか、感情はもう一度、扁桃体のフィルターにかけられ自分の言動を制御できるというのです。

アンガーマネジメントの方法

● 数字を数える

1、2、3、4……と数字を数えます。

● 深呼吸を繰り返す

大きく深呼吸をします。おへその下あたり（丹田）に空気をためるようなイメージで腹式呼吸をゆっくり大きく行い、自律神経を整えてリラックスします。

● 特定の短いフレーズを言い聞かせる

「大丈夫」「落ち着いて」「すぐ終わる」など、自分自身を落ち着かせるフレーズを口にしたり、頭の中でつぶやいたりします。

● 目に入ったものを細かく観察する

意識を怒りとは関係ないところに目を向け、怒りから目をそらします。目の前にある無機質なものをひたすら観察します。グラウンディングといわれ、意識を地面に釘づけにすることです。目の前にある机や壁などの色、形状、材質、傷の有無などを意識して注意深く見ます。

● 思考を停止させるような言葉、イメージを思い浮かべる

「止まれ」「考えるな」などの思考を停止させる言葉や真っ白い紙や青空などのイメージを思い浮かべます。

● 単純な動作を繰り返す

首を回したり、肩を揺すったりする動作を繰り返します。

上記に挙げているものがアンガーマネジメントの方法です。これらは、1日にして身につくものではありません。習得には、反復練習が必要です。できるものからやってみましょう。また、日頃から言葉遣いに気をつけることも大切です。言葉が乱れると行動も乱暴になります。丁寧な言葉遣いに気を配り、穏やかに話す習慣をつけましょう。同時に、語彙力も身につけて、自分の感情を正確に相手に伝え表現することも心がけましょう。一方、表情フィードバック仮説というものがあり、私たちの心と身体の関係は、「楽しいから笑う」だけではなく「笑っていると楽しくなる」ということもあります。アンガーマネジメントでは、笑顔も重要な要素のひとつといえます。

アンガーマネジメントシートの作成

　感情的な怒りは、考え方や捉え方によって、適切な言動や行動へと導くことができます。その方法として、アンガーマネジメントシートを紹介します。

　まず、怒りの刺激となる出来事を書き出します。次に、怒りを引き起こしているこれまでの考え方や捉え方に目を向けます。ここは、イライラや怒りのもとになっている「〜すべき」「〜すべきではない」「〜はずだ」など、自分の価値観が支配している部分です。アンガーマネジメントではコアビリーフと呼ばれ、自分の怒りのポイントを知ることができます。最後に怒りによる不適切な行動とその結果を挙げます。その際、自分と周囲に分けて、生理的反応や状況の捉え方なども書くようにします。

　怒りによる不適切な行動と結果を書いたら、今度は怒りをコントロールするために、同じ出来事に対して別の可能性を考えてみます。「〜すべき」調を自分と周囲にとってプラスになるように考え直します。そのことにより、最終的に望ましい行動と結果がとれるようにしていくというものです。【ワークシート②(p.52)】

アンガーマネジメントシートの記入例

怒りの刺激となる出来事
友だちが約束の待ち合わせの時間に遅れた。
そんなのはおかしい。
とても腹が立った。

これまでの考え方・捉え方
人との約束は絶対に守るべきだ。約束の時間に遅れる人は友だちではない。

不適切な行動と結果
自分	周囲
・イライラする	・やっとの思いで到着
・約束に遅れるのは最低だ	・相手が怒っている
・口もきかない	・話もできない

別の可能性からの考え方・捉え方
家で何かあったのかもしれない。道が混んでいたのかもしれない。誰だってトラブルに巻き込まれることはある。

望ましい行動と結果
自分	周囲
・笑顔または心配そうな表情	・遅れた理由を話す
・大丈夫? 何かあったの?	・遅れたことを素直に謝る
・話を聞いてあげる	

アンガーログ

　同じ状況であっても怒りを感じる人と感じない人がいます。自分が何に対して怒りを感じる傾向があるのかを理解することが、怒りをコントロールするのに大切です。そのためには、目には見えない怒りという感情を「書く」ことで可視化することです。怒りが生じたときに、その都度、アンガーログを書き留めます。「ログ」とは「書く」ということで、怒りを感じたら、分析や振り返りなどはせずに直感的に記録するのです。とにかく、「見える化」し、その怒りについて淡々と客観的に文字にします。

　アンガーログの振り返りは、1週間たって、気持ちが落ち着いたときに行います。自分の怒りのパターンに気づき、自分と向き合いながら、ムダに怒らないように対策を講じていくのです。【ワークシート③ (p.53)】

アンガーログの内容

① 怒った日時・場所

② 怒った相手

③ 怒りを感じた出来事

④ そのときに思ったこと

⑤ 相手にしてほしかったこと

⑥ 自分が相手にとった言動

⑦ 結果

⑧ 怒りの強さ

アンガーマネジメントの授業実践例

児童生徒の活動	指導のねらい・留意点
1. 自分が怒ったときのことを考える	・怒りがおさまらず「キレた」状態になったことがあれば、そのときの状況を具体的に想起させる。（怒った日時・場所や怒った相手、怒るきっかけになった出来事など）
2. 「怒り」のメカニズムについて理解する	・「怒り」のメカニズムを脳の反応から科学的に押さえる。 ・衝動的な行動を適応的な行動へと変えることができることを理解させる。
3. アンガーマネジメントという心理技法を理解する 　・アンガーマネジメントの方法を体験する	・アンガーマネジメントの目的や効果について説明する。 ・アンガーマネジメントの方法について、具体的例を示しながら、実際に体験させる。
4. アンガーマネジメントを実践する 　・ワークシート①（p.51）を用いて、「怒り」の場面を想定して、アンガーマネジメントの方法を考える 　・ペアを組み、ロールプレイングを行う	・ワークシート①（p.51）を用いて、個人でアンガーマネジメントの方法を考えさせる。 ・考えたアンガーマネジメントの方法を活用して、お互いにロールプレイングを行わせる。 ・ロールプレイング後、お互いに感想を伝え合わせる。
5. 本時を振り返る	・本時を個人で振り返らせ、その後、グループでシェアリングを行わせる。 ・いくつかのグループに発表させ、最後に教師が肯定的なフィードバックを返し、まとめとする。

アンガーマネジメントワークシート①

アンガーマネジメントにチャレンジ！

名前 ＿＿＿＿＿＿＿＿＿＿＿＿＿＿＿＿＿＿＿

怒りをコントロールする方法

○ 数字を数える　　○ 深呼吸を繰り返す　　○ 特定の短いフレーズを言い聞かせる

○ 目に入ったものを細かく観察する

○ 思考を停止させるような言葉、イメージを思い浮かべる　　○ 単純な動作を繰り返す

もし、こんな状況になったら、怒りをコントロールするためにどうしたらよいでしょうか。

| 友だちと遊ぶ約束をしたのに、その約束を破られた。翌日、その友だちに会った。 | ➡ | 私　　：「ねぇ、昨日、遊ぶ約束していたのに！」
友だち：「はぁ」
私　　：「はぁって、なんだよ？　おい！」 |

（1）私はどういうことに対して怒っているのでしょうか。

（2）ここで私の怒りが爆発したらどうなるでしょうか。

（3）私はどんな方法をとったらいいと思いますか。

（4）友だちに対して何と言ったらいいでしょうか。

（5）ペアを組んでロールプレイングをやってみましょう。

今日の授業の感想を書いてみましょう。………………………………………………………

アンガーマネジメントワークシート②

アンガーマネジメントシートを作ろう

名前 _____

　感情的な怒りを適切な言動や行動へと変えていくアンガーマネジメントシートを書いてみましょう。

怒りの刺激となる出来事

これまでの考え方・捉え方

不適切な行動と結果

自分

周囲

別の可能性からの考え方・捉え方

望ましい行動と結果

自分

周囲

アンガーログを書こう

名前 _____

　怒りを感じたときにアンガーログを書いてみましょう。怒りを感じたら、その場ですぐに書くことが大切です。

①怒った日時・場所

（　　　　　　　　　　　　　　　　　　　　　　　　　）

②怒った相手

（　　　　　　　　　　　　　　　　　　　　　　　　　）

③怒りを感じた出来事

（　　　　　　　　　　　　　　　　　　　　　　　　　）

④そのときに思ったこと

（　　　　　　　　　　　　　　　　　　　　　　　　　）

⑤相手にしてほしかったこと

（　　　　　　　　　　　　　　　　　　　　　　　　　）

⑥自分が相手にとった言動

（　　　　　　　　　　　　　　　　　　　　　　　　　）

⑦結果

（　　　　　　　　　　　　　　　　　　　　　　　　　）

⑧怒りの強さ

0	1	2	3	4	5	6	7	8	9	10
穏やか			少しイライラ			とてもイライラ				キレた

⑤ アサーション・トレーニング

自分も他者も尊重する

Assertion training

アサーションとは

　自分も相手も大切にしようとする自己表現であり、自他を尊重するコミュニケーションです。自分の意見、考え、気持ち、欲求などを正直に、率直にその場にふさわしい方法で述べることであり、同時に、相手が同じように表現することを受け入れる態度を持つことです。アサーションは人との関わりの中で生きる人間にとって欠かせないものであり、他者との関係性を考えていくうえで大切なものです。

　「ムカつく」「キレる」といった言葉で怒りを爆発させる子どもが増加しています。このような子どもには自分の気持ちを確認させる必要があります。なぜなら、「自分の気持ちの存在」について理解できなければ、「相手の気持ちの存在」に気づけないからです。自分や相手の気持ちに気づき、お互いを大切にするコミュニケーションであるアサーションの期待は高いと考えます。

アサーション・トレーニングの効果

自己表現力の育成

　自他の権利を尊重しながら、自分の気持ちや考えを誠実に素直に伝える自己表現力を育成できます。

自尊感情の高揚

　アサーティブ（自他を大切にした自己主張）な表現力が高まることにより、自信を持って率直に自分らしく表現できるようになることで、自尊感情の高揚が期待できます。

人権意識の向上

　自他の権利を侵さない限り、自己表現してもよいという立場から、常に相手と自分との関係を意識することになり、日常的に人権意識を向上させていくことができます。

望ましい人間関係の構築

　自他を尊重するコミュニケーションにより、双方が無理なく良好な人間関係を保つことができます。また、価値観や立場の違う人たちと対等な意見交換ができるなど、望ましい人間関係が構築されます。

アサーション権

　アサーションを支えるものに「アサーション権」という基本的人権があります。アメリカでの人種差別反対運動や婦人解放運動を支える基本的人権として認められたものです。

❶ 私たちは、誰からも尊重され、大切にしてもらう権利があります。各自が持っている考えや意見、欲求などを誰もが持ってもよく、それらを表現することも認められていることです。

❷ 私たちは、誰もが、他人の期待に応えるかどうかなど、自分の行動を決め、それを表現し、その結果について責任を持つ権利があります。自分自身について最終的に判断し、自分で責任をとることです。

❸ 私たちは、誰でも過ちをおかし、それに責任を持つ権利があります。人は完璧ではなく失敗をする生きもので、仮に失敗したら、とれる責任を果たせばよいことです。

❹ 私たちは、支払いに見合ったものを得る権利があります。支払いに見合ったサービスを要求してよいことです。

❺ 私たちは、自己主張しない権利もあります。ときと場合によっては、無理に話をしないでよいことです。

３つの自己表現タイプ

私たちが行っている自己表現には３つのタイプがあるといわれています。

① 攻撃的（アグレッシブ）な自己表現

攻撃的な自己表現とは、相手よりも自分を大切にする自己表現のことです。自分の意見や考えをはっきりと自己主張しますが、相手の気持ちや言い分を無視して、自分の意見を押し通そうとする自己肯定・他者否定の話し方です。

② 非主張的（ノンアサーティブ）な自己表現

非主張的な自己表現とは、自分よりも相手を大切にする自己表現のことです。自分の意見や考えを言わなかったり、相手にわかりにくい言い方をしたりして、相手に伝えられなかった不完全さや後味の悪さを体験する自己否定・他者肯定の話し方です。

③ アサーティブな自己表現

自分も相手も大切にし、その場にふさわしい方法での自己表現のことです。自己信頼や相互信頼の上に成り立つコミュニケーションです。お互いの意見や気持ちの違いによる葛藤が起きても、それを自分で受け入れて処理しようとする自己肯定・他者肯定の話し方です。

自己信頼と相互信頼

　アサーションには、自己信頼と相互信頼が必要です。相手に言いたいことをはっきり言おうとしても、自分の判断に自信がなかったり、相手に対して不信感があったりすると「迷惑をかけることはよくない」という勝手な思い込みや「これでいいに決まっている」といった自分本位な自己表現などに陥ってしまいます。

「自分の気持ちや考えは自分を表している大切なものなのだ」という自己信頼と「自分の気持ちをきちんと言えば、相手はわかってくれるだろう」「相手が気持ちを伝えてきたら、お互いによりよく理解し合えるはずだ」といった相互信頼によってアサーションが成り立ち、自分の思いや意見を率直にその場にふさわしい方法で述べることができるのです。

アサーションスキル

①考え方のスキル

　アサーションには、アサーティブな考え方が必要です。アサーティブな考え方とは、合理的で現実原則に合ったものの見方を行うことです。非合理的な思い込みをしていると、アサーティブな考え方はできません。非合理的な思い込みとは、「人は、誰からも愛され、常に受け入れられるようにあらねばならない」「人は、完全を期すべきで、失敗をしてはならない」「思い通りに事が運ばないのは致命的だ」などです。これらの思い込みを修正するには、「 〜なければならない」「 〜べきである」 という考えを「 〜でありたい」「 〜に越したことはない」と変えることです。そうすることで、気持ちが楽になり、アサーティブな考え方ができるようになります。

〜に越したことはない

〜のほうがいい

〜でありたい

②言語的なスキル

　アサーションには、問題解決のために言語的スキルとして、DESC法というものがあります。DESC法では、以下に示した各要素でステップを踏みながら、問題を解決していきます。

DESC法

ステップ1 D：Describe／描写する

自分が対応しようとする状況や問題、相手の言動などを描写します。

・誰が見てもわかる客観的事実を具体的に表現します。

・自分の考えや感じたこと、推測などは入れないようにします。

ステップ2 E：Express／表現する

その状況や相手の言動に対する自分の気持ち、考え、意見などを「アサーティブ」に（冷静に明確に）表現します。

・「私は○○○です」というアイ・メッセージで表現することが基本です。

ステップ3 S：Specify／特定の提案をする

相手にしてほしいことや変えてほしいことなどを伝えます。

・提案であり、命令にならないようにします。

・今すぐできるような具体的で小さなものにします。

ステップ4 C：Consequence／結果を伝える

提案したことが実行された場合、されなかった場合の結果を伝えます。

・相手が「ノー」という返事をした場合、次に自分がどうするかも考えておきます。

　では、例として、図書館で本を読んでいて隣の人が騒ぎ出したときに、どう応用したらいいのでしょうか？

　　　　D：さっきから大きな声で話をしていますね。

　　　　E：私は、話し声がうるさくて、困っています。

　　　　S：ここは、図書館なので静かにしていただけますか。

　　　　C：もし、話をされるのであれば、ほかの場所でしていただけますか。

③非言語的なスキル

アサーションの非言語的なスキルとして、視覚的なものと聴覚的なものがあります。視覚的なものとして、視線、表情、動作、姿勢、人と人との距離、身体接触の仕方、服装などがあり、聴覚的には、声の大きさ、調子、抑揚、速さ、反応のタイミングなどがあります。

例えば、優しい表情で「うんうん」とうなずきながら、時折、相手の目を見たり、話をしている口元に視線を移したりして、ゆっくりと落ち着いた声で話をすることで、相手は自分の話がしっかり受け入れられていると感じ取るでしょう。一方、怖い表情で腕を組みながら、視線も合わせず、小さく甲高い声で忙しそうに早口で話をすれば、相手に攻撃的、並びに非主張的なイメージが伝わります。

このように、非言語的スキルは言語的スキルと同様に重要であり、相手に自分の興味関心を示しているのか、豊富な情報を与えているのです。

アサーション・トレーニングの授業実践例

児童生徒の活動	指導のねらい・留意点
1．人に理不尽な要求や自分勝手な行動をされた場面について考える 　・自分の持ち物を勝手に使われる 　・自分勝手に行動される	・相手に理不尽な要求や自分勝手な行動をされたときに、自分の思いを相手に上手に伝える方法を考えさせる。
2．アサーションの言語的スキルとして DESC 法を理解する	・ワークシート③（p.63）を用いて、DESC 法について具体例を示しながら説明する。
3．アサーションの言語的スキルである DESC 法を実践する 　・ワークシート③（p.63）を用いて、トラブルになりがちな場面を想定して、DESC 法を考える 　・ペアを組み、ロールプレイングを行う	・ワークシート③（p.63）で、トラブルになりがちな場面を想定し、自分の気持ちに気づかせるとともに、適切な自己表現について考えさせる。 ・個人で DESC 法を用いた自己表現の方法を考えさせる。 ・各自で考えた自己表現の方法を使って、お互いにロールプレイングを行わせる。 ・ロールプレイング後、お互いに感想を伝えさせる。
4．本時を振り返る	・本時を個人で振り返らせ、その後、グループでシェアリングを行わせる。 ・いくつかのグループに発表させ、最後に教師が肯定的なフィードバックを返し、まとめとする。

アサーション・トレーニングワークシート①

3つの自己表現タイプを区別してみよう

名前 _____

以下の文章を読んで、当てはまる表現を選んで〇をつけましょう。

1　クラスの友だちと2人で試験前に勉強会をする約束をし、その当日になりました。ところが、友だちは何の連絡もよこさず1時間以上遅れてきました。あなたは友だちの遅刻にかなりイライラしています。そして、あなたは友だちに言います。

a　1時間以上遅れるなんて、君とはもういっしょに勉強したくないよ。
　　<　非主張的　・　攻撃的　・　アサーティブ　>

b　1時間以上待ったよ。遅れるという連絡をしてくれるとよかったな。
　　<　非主張的　・　攻撃的　・　アサーティブ　>

c　よく来たね。さあ、始めようよ。
　　<　非主張的　・　攻撃的　・　アサーティブ　>

2　あなたは合唱コンクールに向け、学級練習を計画的に立てて練習を行ったところ、見事に学級を優勝へと導きました。担任の先生はそのことをたいへんほめてくれました。そして、あなたは先生に言います。

a　え〜、そうですか。こんなのたいしたことないですよ。
　　<　非主張的　・　攻撃的　・　アサーティブ　>

b　どうもありがとうございます。
　　<　非主張的　・　攻撃的　・　アサーティブ　>

c　誰一人考えようとしなかったからやりました。
　　<　非主張的　・　攻撃的　・　アサーティブ　>

3　アイスクリームショップでバニラアイスクリームを注文したところ、店員が笑顔であなたの嫌いなチョコミントアイスクリームを差し出しました。そして、あなたは店員に言います。

a　おいしそう。このショップのいちばん人気なんですね。
　　<　非主張的　・　攻撃的　・　アサーティブ　>

b　頼んだのと違う。金返せ。
　　<　非主張的　・　攻撃的　・　アサーティブ　>

c　私はバニラアイスクリームを頼みました。お手数ですが交換してください。
　　<　非主張的　・　攻撃的　・　アサーティブ　>

アサーション・トレーニングワークシート②

アサーション・トレーニング〈その１〉

名前 ＿＿＿＿＿＿＿＿＿＿＿＿＿＿＿＿＿＿＿＿＿＿

（１）大阪の修学旅行での班別自主行動の計画について、話し合いをしています。あなたは遊園地、花子さんはお笑い芸人を見に行きたいと言っています。しかし、時間の都合で１か所しか行くことができません。あなたはどのようにして、遊園地に行きたいことを伝えますか。

あなたの言い分	予想される班員（当人と周りの）の発言や態度
攻撃的な自己表現	攻撃的な自己表現
非主張的な自己表現	非主張的な自己表現
アサーティブな自己表現	アサーティブな自己表現

（２）班の話し合いで自分勝手な発言や行動をとる班員がいたとします。あなたは班長として、その班員にどのような言葉かけをしますか。

あなたの言い分	予想される班員（当人と周りの）の発言や態度
攻撃的な自己表現	攻撃的な自己表現
非主張的な自己表現	非主張的な自己表現
アサーティブな自己表現	アサーティブな自己表現

（３）（１）と（２）をロールプレイングしてみましょう。その後、感じたことを話し合い、気づいたことをまとめてみましょう。

アサーション・トレーニング〈その２〉

名前 ＿＿＿＿＿＿＿＿＿＿＿＿＿＿＿＿＿

　サッカーの試合３日前、あなたは太郎君にサッカーボールを「借りるよ！」と言われてサッと持って帰られました。あなたはその場で何も言うことができず、その日の夕方に予定していたサッカーの練習ができずに困りました。あなたは、太郎君にどのような言葉かけができたらよかったのでしょうか。考えてみましょう。

（１）あなたはサッカーボールを持っていかれたとき、どんな気持ちだったのでしょうか。

（　　　　　　　　　　　　　　　　　　　　　　　　　　　　　　　　　　　　）

（２）あなたはどうしてほしかったのでしょうか。

（　　　　　　　　　　　　　　　　　　　　　　　　　　　　　　　　　　　　）

（３）あなたは太郎君に何と言葉かけをしたらよかったのでしょうか。

（　　　　　　　　　　　　　　　　　　　　　　　　　　　　　　　　　　　　）

DESC法　 **ステップ1**　D：Describe　描写する
　　◇自分が対応しようとする状況や問題、相手の言動などを描写します。

　ステップ2　E：Express　表現する
　　◇その状況や相手の言動に対する自分の気持ち、考え、意見などを「アサーティブ」（冷静に明確に）表現します。

　ステップ3　S：Specify　特定の提案をする
　　◇相手にしてほしいことや変えてほしいことなどを伝えます。

　ステップ4　C：Consequence　結果を伝える
　　◇提案したことが実行された場合、されなかった場合の結果を伝えます。

（４）DESC法を使って、自己表現をしてみましょう。
　　D：相手や状況を客観的に具体的に表現してみましょう。
　　E：相手の行動に対して、自分の気持ちを冷静に表現しましょう。
　　S：相手にとってもらいたい行動を具体的に述べましょう。
　　C：相手が「イエス」と「ノー」の場合の結果を伝えましょう。

（５）DESC法を用いた自己表現をロールプレイングしてみましょう。その後、感じたことを話し合い、気づいたことをまとめてみましょう。

（　　　　　　　　　　　　　　　　　　　　　　　　　　　　　　　　　　　　）

なりたい
自分になる
6　ブリーフセラピー
Brief therapy

ブリーフセラピーとは

　ブリーフとは、「短期の」「簡潔な」という意味であり、セラピーは療法（本書では技法）のことです。すなわち、ブリーフセラピーは短期で簡潔に効果を上げる心理技法と説明できます。効率的に短期間で成果を得ることができるブリーフセラピーは、絶えず環境の変化が伴う現在の学校教育現場に沿った心理技法ともいえるでしょう。

　ブリーフセラピーの中心は、解決をダイレクトに目指す解決志向によるものです。本書では、この解決志向によるブリーフセラピーを取り扱います。

　ブリーフセラピーは、問題の原因を探り、それを解決しようとするのではなく、問題を抱えている人の肯定的な側面に焦点を当て、そうなりたい自分（ゴール）を明確にし、それを少しずつ実現させていくようにします。

　例えば、不登校の子どもを持つ母親に不登校解決後の状態を具体的に聞いたとします。母親が「子どもが友だちと遊ぶ」「子どもと買い物に行く」「子どもが塾や習い事に行く」などを挙げた場合、それら不登校解決後の状態を徐々に実現していこうとするものです。

ブリーフセラピーの効果

課題解決力の育成

　過去の問題やその原因を求め探すことより、現在及び未来から解決の手がかりとなるリソース（資源・資質）を積極的に活用し、可能性のあるところから変化を生み出し、子ども自ら解決しようとする課題解決力を育てます。

自己肯定感の向上

　子ども自身が「大変だけど何とか頑張っている自分」や「すでにやれている自分」に気づいたり、自分の限りないリソース（資源・資質）を発見したりすることで、肯定的な側面に目を向けることになり、自己肯定感が高まります。

信頼関係の構築

　教師が子どもを解決のエキスパートとして、子どもの持っているリソース（資源・資質）を尊重しながら、子どもの力を引き出していくため、子どもと教師に心の触れ合いが生まれ、それに基づく援助実践により、相互の信頼関係が深まります。

ブリーフセラピーの特徴

①短期的

　多くの心理技法は短くても半年から2年、それ以上かけて行うものとされています。しかし、ブリーフセラピーは、問題よりも肯定的な側面に焦点を当て、そうなりたい解決の姿を実現させていくといったシンプルで実用的なものであるため、短期間での実践を可能とします。

②効率的

　問題解決のために過去を振り返り続け、その悪循環にはまらない分、効率的に問題解決を図っていくことができます。子どもにも教師にも負担の少ない心理技法といえます。

③効果的

　子どものニーズや目標に見合ったものを中心に取り上げていくため、十分な成果を期待することができます。

ブリーフセラピーの3原則

❶うまくいっているなら変えようとするな

　うまくいっていることや役に立っていることは、変えずに続けるようにします。

❷うまくいっているならもっとそれをせよ

　少しでもうまくやれていることのほうに注目し、うまくできたらそれを繰り返すようにします。

❸うまくいかないなら違うことをせよ

　うまくいかないときは、その悪循環を絶ち切るために、思い切って何か違うことを試みるようにします。

ブリーフセラピーの技法

　ブリーフセラピーには、「ゴールの設定」「リソース」「リフレーミング」「コンプリメント」「例外探し」「外在化」「ミラクルクエスチョン」「スケーリングクエスチョン」「コーピングクエスチョン」などの技法があります。

ゴールの設定

　ブリーフセラピーは、まず、ゴールを設定します。従来の心理技法では、一旦、過去に戻り、生育歴などを探りますが、ブリーフセラピーでは、未来に目を向けることで解決のイメージを膨らませます。人はゴールがあれば、それを達成するためにアクションを起こすことができます。また、勇気や希望も湧いてきます。ゴールの設定は、具体的で達成可能なものを、子どもと一緒に話し合って考えるようにしましょう。

リソース

　リソースとは資源、資質の意味です。問題解決につながる変化をもたらす糸口です。リソースは誰もが持っています。リソースには内的リソースと外的リソースがあります。内的リソースには本人自身にあるもので、本人の興味関心や趣味、特技、性格、持ち味などです。外的リソースには、本人以外にあるもので、家族や友だち、先生、部活動、学校行事、ペット、愛用のものなどさまざまです。

リフレーミング

　フレームとは認識の枠組みのことです。フレームが偏ったり堅かったりすると、自分や相手のリソースを見つけ出しにくくなります。そこで、別の枠組みで見直すようにします。例えば、「すぐにカッとなりやすいけど、情熱的なんだね」「あまり話をしないけど、人の話をしっかり聞けるんだね」など、相手のフレームを変えるような言葉かけをします。

コンプリメント

　コンプリメントとは、褒める、称賛する、ねぎらうといった肯定的な言葉かけやサインを送ることです。コンプリメントにより、教師からよい評価を得ることで、子どもは勇気づけられ、モチベーションが高まります。その結果、早期の問題解決へとつながっていくのです。ブリーフセラピーでは、コンプリメントがとても大切だとされています。

例外探し

　問題の渦中にあっても、うまくいっているときや問題をなんとか切り抜けているときがあります。ブリーフセラピーではこれを「例外」と捉えます。例外はうまくやれていることであり、それを引き起こすリソースがあることを意味します。この例外探しを質問によって明確にし、日常生活の中にどんどん広げていき、もはや例外とは呼べない状態にしていきます。

外在化

　問題に対処しようとするとき、問題を本人や周囲の人々に内在化させてしまいます。例えば、「キレて暴力を振るう」場合、暴力を振るう本人が問題、親の接し方が問題、学校の指導が問題などと捉えがちです。それに対して、問題の外在化では、「キレることが本人を困らせている」とし、問題と本人を分けて、問題を本人の外に出します。問題であるのは症状であり、本人自身と症状を切り離すことで安心感を与えていきます。

ミラクルクエスチョン

　ミラクルは奇跡という意味ですが、まさに奇跡が起こって、問題がすべて解決したことを仮定して話を進めていくものです。例えば、「今夜、眠っている間に奇跡が起こり、抱えている問題が解決しました。翌朝、起きてどんな行動をとりますか。また、どんな1日になりそうですか。誰が気づきますか」というような質問を投げかけます。

　そのことにより、子どもは将来の望ましい状況をイメージするとともに、現在の状況との違いを明確にし、周囲の影響についても理解していきます。子どもに解決像をイメージさせることで、自ら何をしたらいいのかに気づき、問題解決へと進んでいくようにします。なお、ミラクルクエスチョンを行う際、唐突な感じを与える場合は、「すごく変わった質問をしてみたいのですが」などと前置きをしてもよいかもしれません。

ミラクルクエスチョンの実践例（部活動を辞めようと思っている生徒と先生）

生徒

いつも部活動の顧問の先生に叱られて、学校に来るのも嫌になるし、部活動をもう辞めようかなって思っています。

そうなんだね。学校に来るのも嫌になるくらい悩んでいるんだね。ちょっと変なこと尋ねてもいいかな？

先生

いいですよ。何ですか？

あなたが眠っているときに、奇跡が起きて、あなたの今の悩み事や困り事が全部なくなったとします。あなたはどうやってそれを知るでしょうか？

えっ、先生、何を言っているんですか？
そんなことあるわけじゃないですか。

そうだよね。確かに変だね。そんな奇跡が起これば悩まないよね。ただ、もし、起こったらどうかな。一度くらい考えてみようよ。

そうですね。じゃあ。放課後の部活動の時間ですかね。

それでどうなっているのかな。

顧問の先生が優しく接してくれているんです。

それはよかったね。それから？

うれしくなって、みんなが嫌がる道具の後片づけやコート整備を進んでやったんです。そうしたら、先生はみんなの前で褒めてくれたんです。

すごい奇跡だね。実際にその奇跡を起こしてみないかい。

はい。ちょっとやってみようと思います。

スケーリングクエスチョン

　1から10の目盛り（数値）を使って、現在の状態を表現することを求める質問です。具体的に数値に表すことで、考えが明らかになったり、段階的に解決の状態を確認できたりします。進め方として、「一番いいときを10点として、最悪の状態を1点としたときに、現在は何点ですか」「どうやってその数になったのですか」「1点上がっているとき、どんな状態でどんなことが起きていますか」というように、望ましいゴールに向けて段階的に考えを広げていくようにします。小さな差位や変動に目を向け、その変化が生じることを促すことが大切です。ただし、「1点上げるために、どうしたらよいですか」などといきなり尋ね、義務や必要な感じで誘導しないようにしてください。

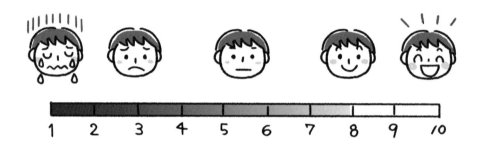

スケーリングクエスチョンの実践例（学校へ行くのをしぶる児童と先生）

児童

ここ1〜2週間、何もやる気が起こらなくて、学校に行く気もしないんだ。

一番やる気があるときを10点として、まったくやる気がないときを1点としたら、今は何点くらいかな？

先生

3点ぐらいかな。

3点なんだね。最低点の1点じゃないね。

そう。最悪ではないかな。

最悪ではない、その3点分って何なのかな？

友だちと昼休みにサッカーやドッジボールで遊ぶときは楽しいから。

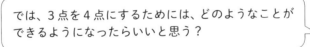
では、3点を4点にするためには、どのようなことができるようになったらいいと思う？

うーん。みんなと同じように少し勉強がわかるようになったらいいかな。

そのためには、これからどうしたらいいと思う？ちょっとでもできることあるかな？

そうだなー。これから少しまじめに宿題をやってみようかな。

コーピングクエスチョン

　コーピングクエスチョンは、どうやって問題に対処してきたかを尋ねる質問です。つらく厳しい状況にいる人に対して、「何とかなるよ」「そのうち解決するよ」と声をかけても、ただの慰めとしか捉えられません。そのようなときに、「つらい状況の中、どのように対処してきたのですか」「大変な中、どんなふうにして乗り切ってきたのですか」などと質問することによって、その人が持っている力や、協力してくれる人たちなどのさまざまなリソースの気づきにつながります。また、この質問は間接的にコンプリメントも含んでいます。

コーピングクエスチョンの実践例（不登校の子どもを持つ保護者と先生）

保護者

子どもが３か月不登校で、いつ学校に行くか とても不安です。もう焦ってばかりでこの状況に耐えられません。

３か月間、毎日、お子さんのことが心配だったでしょう。そのような中、これまでどのように対処してきたのですか？

先生

仕事が休みの日に子どもと一緒に料理するときが楽しく、心が癒やされました。

お仕事の休みに疲れているところ、お子さんと一緒に料理をされるなんて素敵ですね。どんな料理を一緒にされるのですか？

簡単なものですよ。ハンバーグとかシチューとか。今度、子どもはイタリアンに挑戦しようと言っています。

すごいですね。確かお子さんは料理が趣味で、将来はそのことを活かす職業に就きたいと言っていました。

そうなのですか。初めて聞きました。うれしいですね。

2章　心理技法の実際

ブリーフセラピーワークシート①

自分の宝物（リソース）を探そう！！

名前 _____

誰もが自分の夢や希望をかなえるための宝物をいっぱい持っています。
ここでは、自分の内外の宝物（リソース）をいっぱい探してみましょう。

1　あなたが好きなことや興味があること、熱中できること、ワクワクすること、がんばっていることを書いてみましょう。

(　　　　　　　　　　　　　　　　　　　　　　　　　　　　　　)

2　あなたが得意なことや自慢できること（少しマシだなと思うことでもよい）を書いてみましょう。

(　　　　　　　　　　　　　　　　　　　　　　　　　　　　　　)

3　あなたが大切にしている人や大切な物、大切にしていることを書いてみましょう。

(　　　　　　　　　　　　　　　　　　　　　　　　　　　　　　)

4　あなたの将来の夢や実現したいこと、なりたい自分を書いてみましょう。

(　　　　　　　　　　　　　　　　　　　　　　　　　　　　　　)

5　1～4を書いてどう思ったでしょうか。感想を書いてみましょう。

(　　　　　　　　　　　　　　　　　　　　　　　　　　　　　　)

※思いつくものをひとつでも多く書きましょう。
※得意なことや自慢できることは、人と比較するのではなく、当たり前のこと（例えば、笑う、話す、ゲームするなど）でも、どんなことでもよいのです。

○○鬼をやっつけよう！！

名前 _____

　自分の苦手なことや困っていることを、自分自身から引き離して、それを解決していくきっかけや方法を考えてみましょう。

1　あなたが苦手なことや困っていることは何ですか。

（　　　　　　　　　　　　　　　　　　　　　　　　　　　）

2　自分が苦手に思ったり、困ったりしているものに「○○鬼」という名前をつけましょう（※自分の中にあり、自分自身が困っている立場で考えます）。

（　　　　　　　　　　　　　　　　　　　　　　　　　　　）

3　「○○鬼」はあなたにどんな"悪さ"をするでしょうか。

（　　　　　　　　　　　　　　　　　　　　　　　　　　　）

4　「○○鬼」をどうやっつけたらいいかを考えてみましょう。

（　　　　　　　　　　　　　　　　　　　　　　　　　　　）

5　友だちにも「○○鬼」のやっつけ方を相談してみましょう。

（　　　　　　　　　　　　　　　　　　　　　　　　　　　）

6　「○○鬼」をやっつけることができたら、どんなすてきな将来が待っているでしょうか。自由に書いてみましょう。

（　　　　　　　　　　　　　　　　　　　　　　　　　　　）

切り抜きを貼って
自己表現

❼ コラージュ療法
Collage therapy

コラージュ療法とは

　コラージュとは、「のりづけすること」という意味のフランス語です。新聞紙や雑誌、パンフレットといった印刷物などの既成のイメージをはさみで切り抜き、台紙の上で構成しながらのりづけして1枚の作品を作るものです。

　コラージュ療法は箱庭療法（砂の入った箱とたくさんのおもちゃを用いた遊戯療法）をモデルに発案されたものです。箱庭という大がかりな道具や設備は必要とせず、手軽で持ち運びが容易であり、手続きも簡単です。また、非言語・非書記的手法であるため、言語表現が苦手であったり、絵が描けなかったりする幼児から活動量が落ちている高齢者まで幅広く行うことができます。健康な人から精神疾患を抱えた方たちにも適用可能なことから、学校や病院、福祉施設などさまざまな場所で実践されています。

コラージュ療法の効果

自己表出による心の癒やしやストレス発散

　好きなように切り抜いたり、貼ったりして自由に自己を表出ことで、カタルシス作用が働き、心の癒やしやストレス発散が期待できます。

美意識の満足感や達成感

　自分の内面にあるものを表現できた喜びや、調和のとれた作品ができたときの満足感を得ることができます。

無意識への自己の気づき（自己理解）

　コラージュ制作後に振り返りを行うことで、自分が貼った素材の一つ一つの意味を捉え、自分自身を再確認したり、漠然としていた思考や感情に気づいたりします。また、作っていく過程で自分のある面に気づいたりもします。

信頼関係の構築

　何を表現しても教師から非難されないという安心感や自己表出した作品が教師や友だちから肯定的に受け止められることで、親近感が湧いて、信頼関係を築くことができます。

コラージュ療法の３つのアプローチ

①コラージュ・ボックス法

　絵や写真、文字などのイメージを切り抜いた素材を箱の中に用意します（50〜100枚程度）。この中から子どもが好きなものを選び画用紙に貼っていくものです。ひとつの箱にはさまざまなイメージ素材を入れますが、意図的に「人物用の箱」「人物以外の箱」「文字だけの箱」など複数の箱を用意することもできます。

　利点としては、教師が切り抜き内容を把握できるため、危険で暴力的なイメージや過度の性的なイメージなどを取り除くことができたり、制作時間も短縮できたりします。一方、限界としては、教師による素材選定のためにイメージが制限されることや、教師が切り抜きを準備するのに手間がかかることが挙げられます。

②マガジン・ピクチャー・コラージュ法

　教師が数種類の雑誌やカタログ、パンフレットを用意し、子どもたちがその中から好きな素材を選び、自分で切り抜いて画用紙に貼っていくものです。場合によっては、子ども自らが雑誌パンフレットなどの素材を持参することを認めることも可能です。

　利点としては、子どもの主体性を重んじ、選択の幅や表現の可能性を広げることができます。また、子どもが持参した雑誌などの素材からは、理解の手がかりをつかむこともできます。限界としては、教師が雑誌やカタログなどの準備をする場合は、持ち運びが大変であったり、子どもが素材を持参した場合は、教育現場における不適切なイメージを統制できなかったりすることです。

③折衷法

　コラージュ・ボックス法とマガジン・ピクチャー・コラージュ法を併用したものです。箱の中に用意された素材と雑誌やカタログなどの両方を用います。利点としては、制作時間も比較的短縮でき、制作途中、雑誌などの素材を切り抜いて追加できるため自由度も高まります。限界としては、子どもが持参したものの不適切なイメージを完全には規制できないことです。

コラージュ療法の手順

用意するもの

- **台紙**…Ｂ４または八つ切りサイズの画用紙
  （心のエネルギーが低下している場合はＡ４または葉書大でも可）
- **はさみ**
- **のり**…スティック状のものの方が好ましい
- **画用紙に貼る素材**…発達課題にふさわしい写真や絵、
  文字など豊富な種類を準備する
  （コラージュ・ボックス法）
- **雑誌、カタログ、パンフレット、新聞、広告など**
  （マガジン・ピクチャー・コラージュ法）

①コラージュ・ボックス法では箱の中の切り抜きから、マガジン・ピクチャー・コラージュ法では雑誌やカタログなどから、興味・関心を持ったイメージや言葉などを選ぶ
②好きな形に切り抜く
③切り抜いた素材を集める
④台紙の上で構成する
⑤のりで貼りつける

　基本的な手順を示していますが、台紙に言葉を書き込んだり、好きな絵を描いてつけ加えたりすることもできます。

制作時間について

　制作時間については、特に決まった時間はありません。30〜40分程度あればよいでしょう。年齢が上がるごとに、制作時間が延びる傾向にあります。それだけ、自分の気持ちに触れたイメージを表現するために、入念に工夫しながら制作に熱中するからです。もし、設定時間内に完成できない場合は、一時中断してから次回または時間がとれるときに引き続き行っても構いません。

制作後の振り返り

制作が終わったら、作品の全体的な感想を聞いて振り返りを行います。

作品のタイトル（題）をつけさせてから、感想を聞いてもよいし、感想を聞いた後に、作品のタイトルをつけさせても構いません。ただし、タイトルをつけることができない場合は無理強いしないようにしてください。場合によっては、作品からストーリーを作らせてもよいでしょう。

これらの振り返りは、教師とだけではなく、ペアやグループで行うことも可能です。その際、仲間の作品に対して、決して否定せず、受容と共感の態度で話し合わせるようにしてください。また、質問に答える際に、言いたくないようなことは、すべて言う必要がないということも確認しておきましょう。

コラージュ療法の解釈

コラージュ療法は表現することに意味があり、子ども自身がその効果を感じることが最も大切です。そのことを踏まえつつ、作品の解釈のひとつとして、バウムテストや風景構成法などの描画法に用いられるグリュンワルドの空間図式（図1）を紹介します。

ドイツの心理学者のグリュンワルドが提起したもので、画用紙を上段と下段、左側と右側に分け、それぞれの空間から解釈していくものです。上段領域は、精神的、意識的なもの、下段領域は物質的、無意識的なもの、左側領域は内向的、受動的、過去的なもの、右側領域は外向的、能動的、未来的なものが反映されるとしています。

精神的・意識的

受動性の領域	能動性の領域
幼児期の固着	葛　藤

内向的・受動的・過去的（左）　外交的・能動的・未来的（右）

物質的・無意識的

図1　グリュンワルドの空間図式

コラージュ療法の授業実践例

児童生徒の活動	指導のねらい・留意点
1. コラージュについて理解する	・好きなものや気になったものを切り抜いて、自由に貼りつけてよいことを理解させる。 ・作業中は私語をせず、作品づくりの邪魔をしないことを確認させる。
2. コラージュに取り組む	・自分の心のままに作品をつくってよいものとし、作品に優れたものや理想的なものはないことを説明する。 ・教師は机間指導では、うなずいたり微笑んだりして、温かい雰囲気づくりを心がける。 ・暴力的・性的なものが出過ぎないように配慮する。
3. 個人で活動を振り返る 4. ペアやグループで活動を振り返る	・できあがった作品をもとに、ワークシート①（p.81）を用いて、個人で活動を振り返らせる。 ・個人で振り返りが進まない場合は、教師が質問しながら振り返りを促す。 ＜質問例＞ ＊うまく表現できましたか？ ＊どんなことを考えながら作りましたか？ ＊好きなイメージとその理由を教えてください ＊嫌いなイメージがあれば、その理由とともに教えてください ＊自分らしい点があれば教えてください ＊自分らしくない点があれば教えてください ＊制作後どんなことを考え（感じ）ましたか？ ＊気づいたり、思いついたりしたことはありますか？ ＊何か話したいことはありますか？ ＊この中に自分がいますか？ ＊制作中どんなことを考え（感じ）ましたか？ ＊困ったことはありましたか？ ・個人で振り返りを行った後、ペアやグループで作品と一緒にワークシート①（p.81）で振り返った内容をお互いに紹介させる。 ・作品のよいところに目を向け、批判しないようにさせる。
5. 本時を振り返る	・ペアやグループによる交流後、本時の振り返りとして、気づきや感想をまとめさせる。 ・数人に発表させ、最後に教師が肯定的なフィードバックを返し、まとめとする。

コラージュ　振り返り用紙

名前 _____

（1）作品にタイトルをつけましょう。

（2）うまく表現できましたか。当てはまるものに〇をつけましょう。

できなかった	あまりできなかった	まあまあできた	よくできた	とてもよくできた
1	2	3	4	5

（3）どんなことを考えながら作りましたか。

（4）この作品の中で好きなイメージとその理由を書きましょう。

好きなイメージ

理由

（5）この作品で何か気づいたり、思いついたりしたことを書きましょう。

（6）グループで作品といっしょに（1）から（5）を紹介し合いましょう。

（7）紹介し合った後に気づいたことや感想を書きましょう。

仲間による
支援

⑧ ピア・サポート
Peer support

ピア・サポートとは

「ピア」とは、同等な仲間のことを指し、「サポート」とは、支持や援助するということを意味します。すなわち、仲間を支援するために、必要なトレーニングを受け、そのスキルを身につけた子どもが、さまざまなサポート活動を行い、思いやりにあふれた学校環境を創造しようとする教育活動です。ピア・サポート活動は、子どもの悩みや困り事の多くが仲間同士で解決する傾向にあることや、傷つきは子ども同士でケアされること、人は人を支援する中で成長することなどの考え方に基づいています。内容としては、仲間の相談やお世話、仲間づくり、学習の支援活動などがあります。

　学校におけるピア・サポート活動はカナダが発祥で、現在では世界の多くの国で取り入れられています。日本では、特別活動や総合的な学習の時間、特別の教科道徳の授業で実践されています。

ピア・サポートの効果

人間関係や他者の心に関心を持つ

　トレーニングで学んだ支援スキルを活用しながら援助活動を体験することで、人間関係や他者の心に関心を持つようになります。その結果、困っている仲間の相談にのったりお世話などを行うようになったりして、不登校やいじめ問題の未然防止につながります。

自主的な態度を育成できる

　困っている仲間を支えることで、役立つ自分を再発見し、自己有能感や自己効力感が高まります。そのことにより、学校生活や日常生活を積極的に取り組んでいく自主的な態度を育成することができます。

温かい集団づくりができる

　子どもたちの持つ力を信頼し、教師の援助のもとで活動を進めることで、信頼関係の構築や豊かな人間関係の形成など、温かい集団づくりが期待できます。

「広がり」と「見通し」の重視

　ピア・サポートは将来にわたってどのような集団に所属したとしても好ましい人間関係を構築できることをねらいとしています。そのために、「見通し」を持ったプログラムやカリキュラムにより、学級や学年を超え学校全体さらには地域へと「広がり」をもった活動を目指しています。一方、構成的グループエンカウンター（p.93）は「学級づくり」や「学級のまとまり」を強調する形で発展してきたものであり、両者の違いが大きくここにあります。

ピア・サポートの支援形態

①友だちづくり

　新入生のためのオリエンテーションやクラスメートに無視されたり、一人でいることが多かったりする子への付き添い、学習障害や自尊心の低い子への支援など、同年代の仲間を支え、友情を与えるものです。

②カウンセリング・アプローチ

　ピア・カウンセラーとして、カウンセリング・スキルを学び、グループカウンセリングや電話カウンセリング、1対1のカウンセリングなどのカウンセリング・アプローチを用いた支援活動を行うものです。

③葛藤解決

　争いやいじめなどにおいて、同年代の仲間による仲裁を通じて問題状況を改善していくことが目的です。ピア・カウンセラーが葛藤解決のための訓練を受け、争いや問題の当事者が調停の結果について肯定的な感触が持てるように、ウィン・ウィンの状態をつくり出すものです。

ピア・サポート活動の手順

職員間における共通理解と指導体制の確立

　学校の教育課題や子どもの実態を把握し、ピア・サポート活動の意義や目的を押さえて、その必要性を明確にします。

ピア・サポーターの決定

　ピア・サポートの目的を提示し、仲間を支援したい子どもを募って決定したり、生活委員会、保健委員会、学級委員会などの既存組織のメンバーを活用したりします。

トレーニングの実施

　ピア・サポーターとなった子どもに、仲間を支援するために必要な体験活動を中心としたトレーニングを行います。トレーニング内容には、仲間づくり、話の聞き方や伝え方、質問の仕方、感情のコントロール、問題解決の方法などがあります。

プランニング

　トレーニングを終了したピア・サポーターは、自分が学んだスキルを活かして、仲間をサポートできるものがあるかを教師と相談しながら自分たちで計画します。

サポート活動の実践

　計画に基づいてサポート活動を実践します。その際、事前の準備や結果の報告、うまくいかなかったときの対処方法、活動の限界、守秘義務などを確認して臨むようにします。

サポート活動の評価

　サポート活動の評価を行い、うまくいったものは継続し、課題のあるものは別の方法を考えていくことにします。トレーニングからプランニング、実践、評価を通して、子どもたちの自主性や自立性を高めていきます。

ピア・サポーターのトレーニング内容

仲間づくり	ピア・サポート活動の目標を理解させ、サポーター同士の関係を築き、深めさせます。
話の聞き方や伝え方	話しやすいと感じるときの聞き手の姿勢や態度、言葉のアクセント、そのほかの要素などを体験により理解させます。
質問の仕方	相手に多く話をしてもらうための問いかけ方を体験により理解させます。
感情のコントロール	同じ出来事でも人によって感じ方が違うことを理解させるとともに、自分なりの感情のコントロールの方法を獲得させます。
問題解決の方法	相手が意思決定できるように支え助け合うことの大切さや自分たちで解決できることとできないことを理解させます。

トレーニングのプログラム構成

① ウォーミングアップ

ウォーミングアップは、そのステップの主活動に入る前の準備であり、身体や心の準備のために行うものです。

ウォーミングアップ例

◆後出しじゃんけん

教師の後にじゃんけんを出します。最初はあいこに、次に勝つように、最後は負けるように条件を変えながら行います。

◆負けた人が勝ちじゃんけん

座って円をつくります。その後、全員立ってじゃんけんし、3回負けた人から座っていきます。

◆成長じゃんけん

じゃんけんで勝つと、たまごからひよこ、にわとり、あがりと成長していきます。勝てばひとつずつ成長し、負ければたまごに戻ります。それぞれの格好をして自分と同じ成長過程の人を見つけてじゃんけんします。

◆誕生列車

黙ってお互いに合図を出し合い、列をつくって誕生日順に1列に並んで列車をつくります。その後、その列を使って、主活動のためのグループ分けを行います。

◆ネーム・ゲーム

いすに座って円をつくります。最初の人から「○○の好きな△△（名前）です」と自己紹介します。その隣の人は「○○の好きな△△さんの隣の、××が好きな□□です」と続けていき、最後の人まで一周します。

◆電報ゲーム

5〜6人のグループに分かれ、縦一列になります。一番後ろの人が教師から簡単な電報を受け取り、それぞれ前の人の背中に指を使って伝えていき、一番前の人まで伝わったら、板書して答え合わせをします。

② 主活動

プログラムの目的（仲間づくりや話の聞き方・伝え方など）を達成する中心の活動です。ゲームやロールプレイングなどの体験的なもので構成されています。体験を通して自分自身で気づかせていきます。

③ 振り返り

振り返りは重要なポイントであり、その活動の中で、何を感じ、何に気づいたのかを大切にします。教師が意図的にまとめた結果より不十分であっても、子ども自身の声で語られたことのほうが、ほかの子どもの心に届きます。

聞き方や伝え方のトレーニング

①2人組になり、話し手と聞き手を決めます。

②向かい合って座り、話し手は自分の興味がある話や昨日の出来事などを2〜3分間話します。聞き手は関わりの少ない態度の聞き方をします。

関わりの少ない態度
・相手のことを見ない
・横を向く
・相手から離れる
・眠そうにあくびをする
・退屈そうに首を回す

③会話が終わったら、感想をお互いに話し合います。

④次に、同じように話し手は2〜3分間話をし、聞き手は偉そうな態度の聞き方をします。

偉そうな態度
・腕を組む
・足を組む
・「ふーん」「へー」などと
　あいづちを打つ
・見下した態度をする
・話を途中でさえぎる

⑤会話が終わったら、感想をお互いに話し合います。

⑥さらに、同じように話し手は2〜3分間話をし、聞き手は関わり合う態度の聞き方をします。

関わり合う態度
・相手の目を見る
・笑顔で聞く
・うなずく
・身をのりだして聞く
・興味を持って質問する
・「へー、すごい」などと
　感心する

⑦会話が終わったら、感想をお互いに話し合います。

⑧最後に、同じように話し手は2〜3分間話をし、聞き手は最初、関わり合う態度で、途中から関わりの少ない態度の聞き方をします。

途中から関わりの少ない態度
・突然、自分のしたいことをする
・途中から質問しない
・急につまらなさそうにする
・突然、横を向く

⑨会話が終わったら、感想をお互いに話し合います。
⑩一通り終わったら、話し手と聞き手を交代し、同様に行います。
⑪すべて終わったら、お互いの感想を全員で発表し合い、共有します。

問題を解決するトレーニング

① ２人組になり、話し手と聞き手を決めます。

② 話し手は、今、困っていることを話します。聞き手は「５段階を意識した会話」で
話を聞きます。まずは、１段階から２段階まで進めるようにし、可能であれば、３
段階、４段階、５段階と順に進んでいきます。

1 段階 問題を整理する	相手に質問しながら、事実と感情を聞き取り、悩みや困っていることなど、問題を整理します。５Ｗ１Ｈで行うとよいでしょう。 「いつその問題が起こったの？」「どこでその問題が起こったの？」「誰がその問題に関わっているの？」「なんの問題が起こったの？」「なぜその問題が起こったの？」「どのようにして問題が起こったの？」
2 段階 方法を考える	相手の気持ちを受け入れながら、問題を解決する方法を一緒に考えます。 「どうしたいの？」「どんなことならできるの？」「誰かに手伝ってもらうとできそうかな？」「どうやればいいかな？」「何からやればいいかな？」
3 段階 できるか どうか判断する	考えた方法が実現できるかどうか、一緒に考えます。 「どうすればこの方法ができる？」「なぜ、この方法がいいの？」「この方法の問題はどこ？」「誰か手伝ってくれる人はいるかな？」
4 段階 計画を立てる	一番よいと考えた方法を行うために、具体的な計画を立てます。 「まず何をする？」「いつからする？」「どこでする？」「どういう順番でする？」
5 段階 結果を確かめる	後日、問題が解決できたかどうかを相手に確かめます。 「この前の話のことだけど、うまくいきましたか？」

③ 一通り終わったら、話し手と聞き手を交代し、同様に行います。

④ すべて終わったら、お互いの感想を全員で発表し合い、共有します。

ピア・サポート（トレーニング）の授業実践例

　ここではピア・サポーターとなった子どもたちへのトレーニングの一部を紹介します。もちろん学級全体で用いることもできます。

児童生徒の活動	指導のねらい・留意点
1．非言語コミュニケーションの大切さを理解する	・コミュニケーションには、言葉以上に大きな役割として非言語コミュニケーションがあることを、メラビアンの法則「言葉（話の内容など言語情報）7％　声（声、大きさなど聴覚情報）38％　態度（見た目、表情など視覚情報）55％」などを用いて理解させる。
2．ウォーミングアップをする	・グループやペアをつくらせるなど、主活動のウォーミングアップを目的としたゲームを行わせる。 ・楽しみながら活動をさせ、心や身体の準備を図る。 ・和やかでリラックスした雰囲気づくりに心がける。 ＜ウォーミングアップ＞
3．主活動の「話の聞き方」を体験する	・ペアをつくらせ、じゃんけんをして勝った人には「聞き手」、負けた人には「話し手」の役割をさせる。 ・聞き手にワークシート①(p.90)、②(p.91)、話し手にワークシート②(p.91)を配布する。 ・話し手が話しやすいテーマ（「自分が好きなこと」「今週末したこと」など）を設定し、聞き手に向けて話す。 ・聞き手にはワークシート①(p.90)を用いて、(1)～(4)の「話の聞き方」の役割を行わせる。 （1）　関わりの少ない態度の聞き方 （2）　偉そうな態度の聞き方 （3）　関わり合う態度の聞き方 （4）　関わり合う態度から関わりの少ない態度の聞き方 ・聞き手には教師の指導があるまでは、(1)～(4)の態度は、話し手に教えないようにさせる。 ・(1)～(4)をそれぞれ2～3分体験したら、話し手にワークシート①(p.90)を配布し、教師が(1)～(4)の態度の順番を変えて指示を出し、役割を交換させる。 ・各(1)～(4)の体験後、ペアで感想を話し合わせる。 ＜主活動＞
4．本時を振り返る	・本時を個人及びペアで振り返らせ、その後、グループでシェアリングを行わせる。 ・いくつかのグループに発表させ、最後に教師が肯定的なフィードバックを返し、まとめとする。 ＜振り返り＞

ピア・サポートワークシート①

話の聞き方・伝え方（聞き手用）

名前 _____

（1）関わりの少ない態度で相手の話を聞きます。体験中・体験後の気持ちを書きましょう。
　　　・相手のことを見ない・横を向く・相手から離れる・眠そうにあくびをする
　　　・退屈そうに首を回す　など

（
　　）

（2）偉そうな態度で相手の話を聞きます。体験中・体験後の気持ちを書きましょう。
　　　・腕を組む・足を組む・「ふーん」「へー」などとあいづちを打つ・見下した態度をする
　　　・話を途中でさえぎる　など

（
　　）

（3）関わり合う態度で相手の話を聞きます。体験中・体験後の気持ちを書きましょう。
　　　・相手の目を見る・笑顔で聞く・うなずく・身をのりだして聞く
　　　・興味を持って質問する・「へー、すごい」などと感心する　など

（
　　）

（4）最初は関わり合う態度で、途中から、関わりの少ない態度で相手の話を聞きます。
　　　体験中・体験後の気持ちを書きましょう。
　　　・突然、自分のしたいことをする・途中から質問しない・急につまらなさそうにする
　　　・突然、横を向く　など

（
　　）

（5）（1）〜（4）の感想も参考にして、ペアや班で話し合い、気づいたことをまとめて
　　　みましょう。

（
　　）

話の聞き方・伝え方（話し手用）

名前 _____

（１）最初の聞き手の話の聞き方の態度についてどうでしたか。
　　体験中・体験後の気持ちを書きましょう。

（２）二番目の聞き手の話の聞き方の態度についてどうでしたか。
　　体験中・体験後の気持ちを書きましょう。

（３）三番目の聞き手の話の聞き方の態度についてどうでしたか。
　　体験中・体験後の気持ちを書きましょう。

（４）最後の聞き手の話の聞き方の態度についてどうでしたか。
　　体験中・体験後の気持ちを書きましょう。

（５）（１）〜（４）の感想も参考にして、ペアや班で話し合い、気づいたことをまとめて
　　みましょう。

ピア・サポート　振り返り用紙

名前 ＿＿＿＿＿＿＿＿＿＿＿＿＿＿＿＿＿＿＿＿

（1）今日の活動で感じたことや思ったことを書きましょう。

（2）（1）で書いたことをペアやグループで話し合って、感想を書きましょう。

（3）（1）～（2）を通して、気づいたことを書きましょう。

（4）今日の活動をどのような場面で生かしたいかを考えてみましょう。

エクササイズで
本音の触れ合い

⑨ 構成的グループエンカウンター
Structured group encounter

構成的グループエンカウンターとは

　構成的グループエンカウンターとは、エクササイズを通して、リレーションを形成し、リレーションによる本音や感情の交流から自己発見、他者発見、人生発見を促進させ、認知や行動（考え方や受け止め方）の変容及び成長をねらった教育的色彩の強い援助方法です。

　構成的グループエンカウンターの構成とは、グループの人数やエクササイズの内容、実施時間の3つの枠を設定することを意味します。ねらいに応じて、グループの人数や組み合わせを仕組んだり、エクササイズのテーマや実施手順、ルールなどの内容を説明したり、エクササイズやエクササイズ後のシェアリングの実施時間を指定したりします。

　構成的グループエンカウンターは、エクササイズそのものよりも、エクササイズ実施後に行うシェアリングにポイントが置かれ、参加者同士が、お互いにそれぞれどのような気づきや感想を持ったかなどを、本音で振り返り、分かち合うといった「ホンネの交流」が最も大切とされています。

構成的グループエンカウンターの効果

自己肯定感が向上する

　あるがままの自分を受容し、自分のホンネを他者にオープンにするといった自己開示を繰り返すことで、自己受容の自己確認につながり、自己肯定感が高まります。

良好な人間関係づくりができる

　エクササイズを通して、人間関係のつくり方を体験的にシミュレーションすることにより、お互いの存在を認め合い、尊重する態度が育まれ、良好な人間関係づくりができます。

集団内のコミュニケーションが円滑になる

　集団の中で自分をどのように表現し、どのように相手と関係をつくっていくかを、エクササイズを体験しながら学んでいくため、子ども同士や教師と子どものコミュニケーションが円滑になっていきます。

構成的グループエンカウンターの手順

① **導入**…ねらいの説明をします。

② **ウォーミングアップ**…エクササイズの前に気持ちを和ませるために、簡単なゲームを取り入れます。

③ **インストラクション**…活動方法やルールの説明をします。場合によっては、教師がエクササイズの内容をしてみせます。

④ **エクササイズ**…ねらいに応じた体験活動を行います。参加メンバーの思考・感情・行動に働きかけます。

⑤ **シェアリング**…エクササイズによる気づきや感情を明確化してねらいを定着させます。感じたことや気づいたことをホンネで自由に語り合いながら、感情と思考を共有し、子どもの認知の修正と拡大を目指します。そのために、時間を調整したり人数を少なくしたりして工夫します。

⑥ **まとめ**…教師によるフィードバックを行います。

エクササイズのねらい

○ **自己理解**………自分自身のことをよく理解すること

○ **他者理解**………他者を大切な存在として理解すること

○ **自己受容**………自分のことを肯定的に受け入れること

○ **自己主張**………自分の気持ちを、相手のことを考えて表現すること

○ **信頼体験**………周囲の人を信頼し、安心して生活できること

○ **感受性の促進**…悲しみや喜びを共感的に受け止めること

実施上の留意点

① 構成的グループエンカウンターを行うとき、「何のためにするのか」「何をするのか」「どのようなことが起こるか」などをきちんと説明することが大切です。不安を抱いたり、その必要性を感じていなかったりすれば、効果が望めないどころか、教師や指導者の強制的なものになりかねないからです。

② 構成的グループエンカウンターを実施する際、グループの人数、構成メンバーをしっかり考えることです。構成的グループエンカウンターは集団体験のため、メンバーにより成否が左右されます。また、リーダー役はインストラクションとエクササイズのときには能動的に関わり、エクササイズ後のシェアリングは受容的態度を備えておくことも必要です。

③ 活動内容は、子どもの実態に合わせてアレンジします。「何をするのか」「それをどのように展開するのか」「時間配分」「グループの人数」などです。一般に、まず、最初に目的を決め、その目的に合うエクササイズを選びます。次に、活動方法や時間配分を子どもの実態に応じて工夫します。最後にグループの人数、構成メンバーやつくり方を決めます。

④ 自己開示は、構成的グループエンカウンターの中心概念です。そのため、適切に自己開示できることを大切にし、心に響く自己開示の力を身につけるようにします。人と人が出会うと、互いに少しずつ自己開示し合うことで親しくなり、お互いの理解も深まって、信頼関係が構築されます。

エクササイズ例

タコと タイ

　２人組で握手をし、「タコ」と「タイ」に分かれます。リーダーが「タコ」といったとき、タコ役がタイ役の手の甲をたたきます。その際、タイ役は、たたかれないように右手でカバーします。楽しく遊ぶことを通して、リレーションを高めます。

バースデー リング

　一言も口をきかずに誕生日の順に並び、全員でひとつの輪をつくります。学級の一体感や所属感を体験するとともに、非言語のコミュニケーションにおける活動から感受性を高めます。

トラスト ウォーク

　２人組になり、ひとりが目を閉じ、目を開けている人が誘導して歩きます。また、目を閉じている人が前に、目を開けている人が後ろに並び、前の人が後ろに倒れ、後ろの人がそれを支えます。誘導されたり、支えてもらったりしたときの安心感や信頼感を体験します。

すごろく トーキング

　すごろくの要領で、止まった箇所の内容（テーマ）について、自己表現を行います。内容には、①自分の好きなもの・こと、②自分の苦手なもの・こと、③自分の願いやしてみたいこと、④ 事実（何をしたや何をしている）など、子どもの実態に合わせて設定します。自分との共通点や相違点に気づき、自己理解と他者理解を促します。

この色 なーんだ？

　リーダーがある色を言います。その色から連想するものを 10 秒でイメージします。ペアやトリオ、グループ内でお互いのイメージを出し、合わせます。自分でも意識しなかった自分を発見したり、自分とは違った他者の発想を発見したりして自己理解や他者理解につながります。

他己紹介

　２人組になり、お互いに自己紹介をします。自己紹介後、ほかのペアと４人組をつくり、自分のペアの相手になりきって、一人称で自己紹介をします。相手だったら、こんな口調や態度でするだろうというように、相手の立場になりきることで他者理解が深まります。

言葉の プレゼント

　２人組になります。リーダーが提示している人の肯定的な性格や性質を表す言葉から、相手のイメージに合ったものを選びます。そのイメージを選んだ具体的な理由をお互いに言い合います。言葉のプレゼント交換から自己受容が促され、自己理解、他者理解により、温かいリレーションを形成します。

構成的グループエンカウンターの授業実践例（言葉のプレゼント）

児童生徒の活動	指導のねらい・留意点
1．人には自分でも気づかないが、いいところがたくさんあることを理解する	・教師が自分自身でも気づかなかった自分のいいところを他人に教えてもらうれしかったことや楽しかったことなどを説明する。 ＜導入＞
2．ウォーミングアップをする 「じゃんけん肩たたき」を行う	・2人組をつくらせ、じゃんけんで勝った人に負けた人の肩を、相手が気持ちいいと感じる強さで30回たたかせる。その後、交代して、負けた人に50回たたかせる。 ・男女間でのペアづくりに抵抗がある場合は男女別にして配慮する。 ・和やかでリラックスした雰囲気づくりを心がける。 ＜ウォーミングアップ＞
3．エクササイズの「言葉のプレゼント」の活動方法やルールを理解する	・相手のいいところを表す言葉を探し、その理由を具体的に多く考えさせる。 ・相手には感情を込めて、いいところを伝え、伝えられたらきちんとお礼をさせる。 ・教師がエクササイズを楽しそうにモデリングすることで、子どもの動機づけを高める。 ＜インストラクション＞
4．エクササイズの「言葉のプレゼント」を体験する	・ワークシート①（p.98）を用いて、ペアのいいところを表すぴったりの言葉を選ばせ、その理由を具体的に多く考えさせる。 ・相手に伝える際、心を込めて言うようにさせる。 ・相手から「言葉のプレゼント」をもらったら、お礼を忘れないようにさせる。 ＜エクササイズ＞
5．本時を振り返る	・ワークシート②（p.99）を用いて本時を個人で振り返らせ、その後、グループでシェアリングを行わせる。 ・いくつかのグループに発表させ、最後に教師が肯定的なフィードバックを返し、まとめとする。 ＜シェアリング＞＜まとめ＞

構成的グループエンカウンターワークシート①

言葉のプレゼント

名前 _____

（1）下の表は人の性格や性質を表した言葉です。表の中から相手のイメージ
　　　に当てはまるものを選び、その理由も書きましょう。

> ・優しい　・楽しい　・思いやりがある　・正直　・我慢強い　・積極的　・元気
> ・責任感がある　・明るい　・まじめ　・親切　・おもしろい　・頼りになる
> ・勇気がある　・信頼できる

さんへ	イメージする言葉
理由	

さんへ	イメージする言葉
理由	

さんへ	イメージする言葉
理由	

（2）書いたものを相手に伝えてみましょう。

（3）エクササイズ後に感じたことを書いてみましょう。

（4）（3）で挙げた感じたことを班で話し合い、気づいたことをまとめてみま
　　　しょう。

構成的グループエンカウンターワークシート②

エクササイズ　振り返り用紙

名前 _____

エクササイズ名	

（1）今日のエクササイズは楽しかったですか。当てはまるものを囲みましょう。
　　　楽しくなかった／あまり楽しくなかった／ふつう／少し楽しかった／とても楽しかった

（2）友だちと協力してできましたか。当てはまるものを囲みましょう。
　　　協力できなかった／あまり協力できなかった／ふつう／少し協力できた／とても協力できた

（3）自分について何か新しい発見がありましたか。当てはまるものを囲みましょう。
　　　発見できなかった／少し発見できた／たくさん発見できた

（4）友だちについて何か新しい発見がありましたか。当てはまるものを囲みましょう。
　　　発見できなかった／少し発見できた／たくさん発見できた

（5）エクササイズ後に感じたことを書いてみましょう。

（6）（5）で挙げた感じたことや（1）～（4）で答えたことも参考にして、班で話し合い、気づいたことをまとめてみましょう。

ストレス反応を
軽減
⑩ リラクセーション法
Relaxation technique

リラクセーション法とは

　ストレスは私たちの自律神経を乱れさせ、体にさまざまな不調をもたらしたり、免疫力を低下させたりします。その万病のもとといえるストレスを軽減させる方法のひとつにリラクセーション法があります。ここでは、リラクセーション法の「自律訓練法」「漸進的筋弛緩法」「腹式呼吸法」を紹介します。

リラクセーション法の効果

ストレス反応を軽減させる

　リラクセーション法は自律神経や感情の中枢である脳幹部に働きかけ、心の自然治癒力を高め、ストレス対処能力を促進させてストレス反応を軽減します。また、長期に実施することによりストレス反応を起こしにくい体質に変えることができます。

集中力を高める

　試合や試験前、過度の緊張状態で自律神経に不調を来し、脳や身体がベストな状態でないとき、リラクセーション法で、自律神経を整え、気持ちを落ち着かせ、適切な集中力を発揮することができます。ある中学校では、リラクセーション法を授業に取り入れ、成績が上がったという報告もあります。

睡眠の質を高め、疲労回復を促す

　寝る前にリラクセーション法を行うと、身体や心の緊張がほぐれ、スムーズな入眠と質の高い睡眠を得ることができます。良質な睡眠は疲労回復を促し、免疫機能を高めます。

自律訓練法とは

　自律訓練法とは、ドイツの精神科医であったシュルツが考案した技法です。四肢の筋肉の弛緩を中心とした決まった言語公式による自己暗示から、交感神経と副交感神経のバランスを整えることで、心身をリラックスさせ、心の解放を促すことがねらいです。

　その効果として、ストレスの緩和はもちろんですが、疲労回復や勉強・仕事の能率アップ、不安や抑うつの軽減などが挙げられ、特に教育現場では、注意力の増大から学力を向上させたり、情動の安定から良好な対人関係を構築したり、自己統制力および自己効力感の高まりから自発的行動を促したりすることが期待されています。

自律訓練法の言語公式

　自律訓練法には次のような言語公式があります。これらの言語公式を暗唱し、身体の部位に意識を向けます。その際、積極的に腕や脚を「重くする」のではなく、「重たい」と感じるまでさりげなく暗唱を続けることが大切です。これを自律訓練法では、「受動的注意集中」といい、自律訓練法を習得するために必要な態度です。子どもには、「重いと感じなければいけないと思わなくていいよ。いつもと違う感覚が味わえたら十分だよ」「まったく味わえなくても大丈夫」などと声をかけてあげましょう。

> ### 言語公式
>
> 　　背景公式……気持ちが落ち着いている
> 　　第一公式……腕や脚が重たい（重感練習：四肢の筋肉が緩みます）
> 　　第二公式……腕や脚が温かい（温感練習：末梢の血液の循環がよくなります）
> 　　第三公式……心臓が静かに規則正しく打っている（心臓調整練習：心臓の
> 　　　　　　　　　鼓動が安定します）
> 　　第四公式……楽に呼吸をしている（呼吸調整練習：呼吸が安定します）
> 　　第五公式……おなかが温かい（腹部温感練習：内臓が活性化します）
> 　　第六公式……額が心地よく涼しい（額部涼感練習：頭をスッキリした状態
> 　　　　　　　　　にします）

自律訓練法の手順

① 背もたれに背をつけずにいすに座り、姿勢を正します。足は肩幅に開き、足の裏全体を床につけます。このとき足は少し前に出します。手のひらを下に向け、太ももの上に置き、軽く目を閉じます。深呼吸を2～3回して、顔の力を抜き、少し下を向きます。

② 背景公式の言葉「気持ちが落ち着いている」を心の中で2回繰り返します。1回目と2回目の間は10秒あけます。

③ 第一公式の言葉「右腕が重たい」を心の中で2回繰り返します。1回目と2回目の間は20秒あけます。

④ 背景公式の言葉「気持ちが落ち着いている」と第一公式の「右腕が重たい」を心の中で2回繰り返します。1回目と2回目の間は20秒あけます。

⑤ 第一公式の言葉「左腕が重たい」を心の中で2回繰り返します。1回目と2回目の間は20秒あけます。

⑥ 背景公式の言葉「気持ちが落ち着いている」と第一公式の「左腕が重たい」を心の中で2回繰り返します。1回目と2回目の間は20秒あけます。

⑦ 第一公式の言葉「両腕が重たい」を心の中で2回繰り返します。1回目と2回目の間は20秒あけます。

⑧ 背景公式の言葉「気持ちが落ち着いている」と第一公式の「両腕が重たい」を心の中で2回繰り返します。1回目と2回目の間は20秒あけます。

⑨ 最後に、消去動作を行います。目を閉じたまま、頭と首を起こします。太ももの上に置いている手をそのままの位置で、握ったり開いたり（グーパー、グーパー）します。次に、肘を曲げたり伸ばしたり、屈伸運動をします。腕を上に伸ばして、脱力します。最後に深呼吸を2回した後、ゆっくり目を開けます。

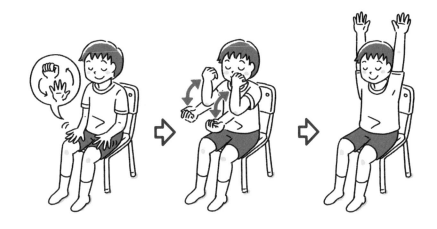

※以下、右脚の重感→左脚の重感→両脚の重感→両腕・両脚の重感と段階を踏まえて練習していきます。このような流れで行いますが、学校現場で実施する場合は、背景公式から第二公式「腕や脚が温かい」（温感練習）までで十分とされています。また、日に2～3回練習することが理想的で、やり方を覚えさせ、各自で行わせるのもよいでしょう。2週間程度、継続して行うことで、肯定的な変化を自覚するようです。

漸進的筋弛緩法とは

　漸進的筋弛緩法とは、意識的に筋肉に力を入れて、その後、緩めて脱力することを繰り返すことで心身をリラックスさせる方法です。

　私たちの体はおのずと力が入っており、とりわけ、不安や恐怖などのストレスを抱えている人は無意識に体全体に力が入り、昼夜を問わず、緊張状態にあります。また、「リラックスしましょう」と言われても、なかなかリラックスできるものではありません。力を抜こうとしても自然に力が入ってしまいます。しかし、反対に意図的に筋肉を緊張させると力が抜きやすくなります。この筋肉の特性を利用したものが漸進的筋弛緩法です。

　漸進的筋弛緩法により、どんなときに体に力が入るのかがわかり、不安や恐怖などを軽減し、気持ちが安定します。また、自分で体をリラックスさせることができるようになることで集中力や自己統制への自信から自己肯定感が高まります。さらに、疲労回復や入眠促進、免疫力向上といった効果が科学的に実証されています。

漸進的筋弛緩法のやり方

　体の各部位の筋肉に力を入れて緊張させ、その後、ストンと一気に力を抜いて弛緩します。これを繰り返すことで、力が抜ける感覚をつかみ、筋緊張の違いを体感するのです。

　筋肉を緊張させてから緩めるという一連の動作により、意識が体に向かい、普段あまり意識しない自分の体に対して、より敏感に感じていくことができます。これを続けていくことで、自分の緊張状態に気づけるようになっていくのです。

漸進的筋弛緩法の手順

① 背もたれに背をつけずにいすに座り、姿勢を正します。足は肩幅に開いて少し前に出し、足の裏全体を床につけます。両腕は自然に下に垂らし、目を閉じます。

②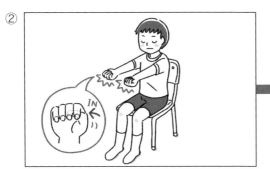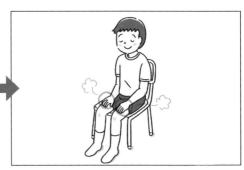

両腕を前に伸ばします。手のひらを上に、親指を中にして拳を握ります。拳に10秒間力を入れます。

手のひらを広げ、太ももの上に置いて、力を抜きます（15〜20秒）。手から力が抜けていく感じに気持ちを向けます。

③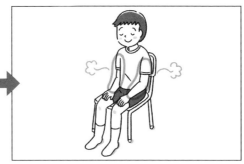

両腕を前に伸ばします。手のひらを上に、親指を中にして拳を握ります。肘を曲げ、拳を肩に近づけ、腕全体に10秒間力を入れます。

手のひらを広げ、太ももの上に置いて、力を抜きます（15〜20秒）。腕全体から力が抜けていく感じに気持ちを向けます。

④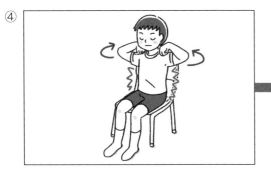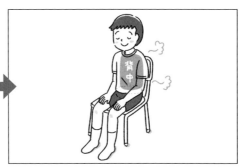

両腕を前に伸ばします。手のひらを上に、親指を中にして拳を握ります。肘を曲げ、拳を肩に近づけ、肩甲骨を寄せるように肘を開き、背中に10秒間力を入れます。

手のひらを広げ、太ももの上に置いて、力を抜きます（15〜20秒）。背中全体から力が抜けていく感じに気持ちを向けます。

⑤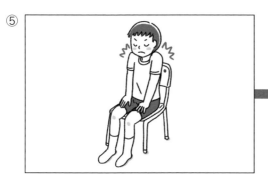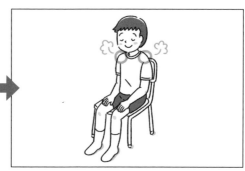

手は太ももに置いたまま耳に近づけるように肩を上げ、肩に10秒間力を入れます。

肩の力を抜きます（15～20秒）。両肩全体から力が抜けていく感じに気持ちを向けます。

⑥

目をぎゅっとつぶり、口をすぼめます。顔全体を顔の中心に集めるようにして、顔全体に10秒間力を入れます。

口をぽかんと開けて顔の力を抜きます（15～20秒）。顔全体から力が抜けていく感じに気持ちを向けます。

⑦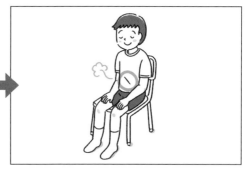

おなかに手を当てます。その手を押し返すようにして、おなか全体に10秒間力を入れます。

手を太ももの上において、おなかの力を抜きます（15～20秒）。おなか全体から力が抜けていく感じに気持ちを向けます。

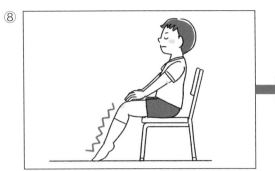

⑧ 手を太ももの上に置き、足を少し前に出し、足首、つま先も伸ばします。足の上側の筋肉に10秒間力を入れます。

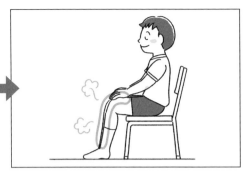

膝、足首を曲げ、足の力を抜きます（15〜20秒）。足の上側の筋肉全体から力が抜けていく感じに気持ちを向けます。

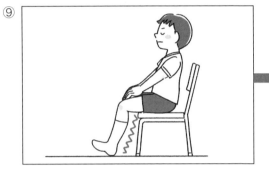

⑨ 足を少し前に出し、足首を曲げ、つま先を上に向けます。足の下側の筋肉に10秒間力を入れます。

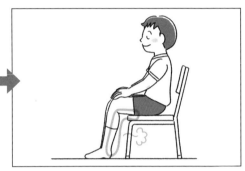

つま先を下ろし、足の力を抜きます（15〜20秒）。足の下側の筋肉全体から力が抜けていく感じに気持ちを向けます。

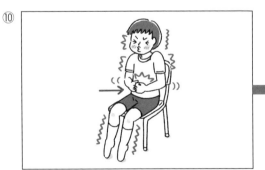

⑩ これまで行った腕、背中、肩、顔、おなか、足の筋肉に10秒間力を入れます。

手を太ももの上に置いて、全身の力を抜きます（15〜20秒）。全身から力が抜けていく感じに気持ちを向けます。

⑪ いすの背もたれに背中をつけて、全身から力が抜けていく感じを味わいます。

⑫ 最後に消去動作を行います。目を閉じたまま、頭と首を起こします。膝の上で手を握ったり開いたりします。次に、肘を曲げたり伸ばしたり、屈伸運動をします。腕を上に伸ばして、脱力します。最後に深呼吸を2回した後、ゆっくり目を開けます。（p.103⑨参照）

※力を入れる際は7〜8割程度で十分です。各部位の筋肉が弛緩した状態を体感・体得させることがポイントです。

腹式呼吸法とは

　呼吸は自律神経の中で、唯一自分でコントロールできます。ですから、呼吸によって自律神経に働きかけ、心身をリラックスさせることが可能なのです。

　呼吸には腹式呼吸と胸式呼吸の2種類あり、それぞれ働きかける自律神経が異なります。腹式呼吸は心身をリラックスさせる副交感神経を刺激し、胸式呼吸は心身を興奮させて活動しやすくする交感神経を刺激します。

　現代人はストレス社会により交感神経優位になっていることが多いため、ここでは、副交感神経を優位な状態にさせる腹式呼吸による呼吸法を紹介します。

　腹式呼吸法は、明治末期から大正にかけて広く普及していたとされています。当時の日本人の体力は現在と比較して低いレベルにあり、健康の維持・増進のために、民間の健康法が積極的に取り入れられていたようです。

　腹式呼吸法の効果として、血行促進、心肺機能の向上、不安の軽減、胃腸機能の改善、ダイエット、不眠の予防などが挙げられています。

腹式呼吸の方法

　腹式呼吸は横隔膜の運動範囲を広げ、一回の呼吸で出し入れする空気の量が、胸式呼吸の3〜4倍以上といわれています。そのため、腹式呼吸は少ない呼吸数で多くの酸素を体内に取り入れることができるため、肺や心臓の負担を軽減させるとともに血行を促進させます。

　腹式呼吸は、おへその下あたりにしっかり空気が入っていく感じで、おなかを膨らませて鼻で息を吸い込みます。次に口から息をゆっくりと吐き出し、おなかがへこむまで息を吐き切ります。以上のことを繰り返して行います。

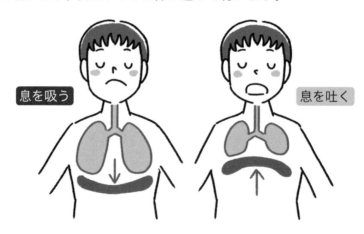

息を吸う　　　　　　息を吐く

腹式呼吸法の手順

① 背もたれに背をつけずにいすに座り、姿勢を正します。足は肩幅に開いて少し前に出し、足の裏全体を床につけます。おなかの動きを知るために、手をおなかに当て、目を閉じます。

② 口をすぼめながら息をゆっくり吐きます。おなかがへこむまで吐ききります。

③ 全部吐き出せたら、おなかを膨らませながら鼻から息を吸い込みます。頭の中で１、２、３と数えながら吸い、４でいったん息を止めます。

④ 次に、５、６、７、８、９、10と数えながら息を吐き出します。このとき、おなかをへこませながらゆっくり息を吐き出します。

⑤ ②～④を繰り返します。自分のペースで無理なく、ゆったりした呼吸を心がけます。１～２分間続けた後、自然な呼吸に戻します。

⑥ 最後に消去動作を行います。目を閉じたまま、頭と首を起こします。手をそのままの位置で、握ったり開いたり（グーパー、グーパー）します。次に、肘を曲げたり伸ばしたり、屈伸運動をします。腕を上に伸ばして、脱力します。最後に深呼吸を２回した後、ゆっくり目を開けます。

※発表会やテストの直前、スポーツの試合など、緊張した場面を想起させ、その後、腹式呼吸法を用いて、リラックスした状態をつくり出し、自分の身体の変化に気づかせるのもよいでしょう。その際、静かなBGMを流すのも効果的です。

リラクセーション法（腹式呼吸法）の授業実践例

児童生徒の活動	指導のねらい・留意点
1．緊張したり、プレッシャーがかかったりしたときのことを思い出す 　・スポーツの試合の場面 　・大勢の前で発表する場面 　・試験の場面　など	・ワークシート①（p.111）を用いて、緊張したり、プレッシャーがかかったりしたときの場面を具体的に想起させる。 ・緊張したり、プレッシャーがかかったりしたときの場面での心や身体の変化についても考えさせる。
2．リラクセーション法（腹式呼吸法）を理解する	・腹式呼吸法について、胸式呼吸との違いや腹式呼吸の方法について説明する。
3．リラクセーション法（腹式呼吸法）を体験する	・リラックスした状態をつくり出すために、静かなBGMを流す。 ・教師によるリラクセーション法（腹式呼吸法）の教示はゆっくり穏やかに行うことを心がける。 ・体験後、次の動作をスムーズに行えるように、消去動作を確実に行う。
4．本時を振り返る	・ワークシート①（p.111）を用いて、本時を個人で振り返らせ、その後、グループでシェアリングを行わせる。 ・どんな場面で腹式呼吸法を活用できるか、活用したいかを考えさせる。 ・いくつかのグループに発表させ、最後に教師が肯定的なフィードバックを返し、まとめとする。

腹式呼吸法を体験しよう！

名前 _____

1　あなたがこれまで緊張したり、プレッシャーがかかったりしたときの場面を思い出しましょう。

（　　　　　　　　　　　　　　　　　　　　　　　　　　　　　　）

2　そのときのあなたの「こころ」や「からだ」はどうでしたか。

（　　　　　　　　　　　　　　　　　　　　　　　　　　　　　　）

3　腹式呼吸法を体験してみましょう。
　　ゆったりリラックスした気持ちで体験しましょう。

4　腹式呼吸法を体験してみてどうでしたか。
　　「こころ」や「からだ」の変化について気づいたことを書きましょう。

（こころ　　　　　　　　　　　）（からだ　　　　　　　　　　　）

5　腹式呼吸法を体験して、感じたことや思ったことを、友だちと話し合ってみましょう。

（　　　　　　　　　　　　　　　　　　　　　　　　　　　　　　）

6　感想について自由に書きましょう。

（　　　　　　　　　　　　　　　　　　　　　　　　　　　　　　）

リラクセーション法ワークシート②

リラクセーション法を体験しよう

名前 _____

1　体験したリラクセーション法に○をつけましょう。

　　自律訓練法　・　漸進的筋弛緩法　・　腹式呼吸法

2　リラクセーション法を体験する前のあなたの気持ちや思いを書きましょう。

3　リラクセーション法を体験して、「こころ」や「からだ」の変化について気づいたことを書きましょう。

こころ　　　　　　　　　　　　からだ

4　リラクセーション法を体験して、感じたことや思ったことを、友だちと話し合ってみましょう。

5　リラクセーション法の感想について自由に書きましょう。

3章

効果的に心理技法を行うために

心理技法を行う場合の注意点

！ 活用する前にしておくこと

　心理技法を活用するうえで一番大切なことは、教師と子どもたちに十分な信頼関係（ラポール）が形成されていることです。心と心が通い合うつながりがなければ、心理技法は機能しないからです。お互いの信頼関係が構築されないまま、いくら効果の高い心理技法を実施しても、子どもは警戒心や不信感を抱き、心を閉ざした状態となって、かえって逆効果となりかねません。

　では、信頼関係というのはどんなものなのでしょうか。信頼関係とは、簡単にいうと、お互いのことをよくわかり合っている関係です。つまり、相手のことがわかっているし、相手も自分のことをわかってくれているという心理状態のことです。言葉では容易に表現できますが、この信頼関係を形成していくことを苦手とする若い先生たちが増えてきています。昨今、ラインやメールなどによる情報のやりとりが増え、相手の話を受け入れる力や相手の非言語的メッセージを受け取る力が弱ってきているからです。

　私たち教師が、子どもたちとの間に信頼関係を築くために最も必要なことは"傾聴力"です。教師は一般的に話すことは得意ですが、聴くことが苦手な傾向にあります。人は自分の話を聴いて理解してくれようとする人に心を開きます。１章の基本的なカウンセリング技法を参考にしながら、カウンセラーの態度を思い浮かべてもらえればよいでしょう。相手の話を共感しながら心から聴くことです。その際、子どもたちの言葉にならない表情や態度に気を配ることも忘れないようにしてください。

効果が見られない場合

　研究授業や公開授業などに慣れている教師は、その1時間の授業で子どもたちがどのように変わったか、すぐに効果を求めようとしがちです。特に教科の授業では、1時間のめあてを達成するために、その手立てや方法が有効であったかどうかを検証するのは仕方のないことかもしれません。

　しかし、心理技法の効果は、教師側ではなく、子ども自身がその心理技法のよさを感じ取ることが大切です。心理技法後、教師からは子どもたちの変容が見えなくても、子どもたちから「気持ちがスーッとした」「温かく優しい気持ちになれた」「またしてみたい」などの言葉が聞かれ、心の中にプラス的感情が芽生えればよいのです。

　心理技法による「気づき」は一瞬にして生じることが多いものですが、教師としての立場は、心理技法の効果は漢方薬のようにジワーッと現れてくるのだというスタンスで臨むことが大切です。逆に、薬と同じように、効果が極端に現れるものほど、副作用に注意する必要があるでしょう。

　実際に、私も保健室登校の生徒に心理技法を実施した際、たった1回行っただけで、1年間教室に入ることができずに完全に保健室登校をしていた生徒が「明日から教室に入り、1日中みんなと一緒に教室で授業を受けるように頑張る」と訴えてきたことがあります。私はその生徒の気持ちを大切にしながら、まずは1時間だけ教室で授業を受けるとか昼食時間だけ教室で過ごすことから始めて、徐々に教室の雰囲気に慣れていくようにアドバイスしました。その後、心理技法を継続し、一部の授業や昼食時間には教室に入りながら、6か月後に完全教室復帰を果たしていきました。

　たった1回の心理技法の後、生徒が訴えてきたように、教師が諸手を挙げて喜び、1年もの間教室に入ることができなかった生徒を、いきなり教室で1日生活させたとしたら結果はどうだったでしょうか。過度なストレスに耐え切れず、燃え尽きて何も手につかなくなり自信をなくしていたかもしれません。効果が一瞬にして現れるのは、かえって劇薬かもしれないということを心得ておきましょう。

活用時の態度

！ 高圧的・威圧的な態度で行わない

　心理技法において、教師が強制的に押しつけて実施させてもうまくはいきません。例えば、教師が「このクラスでいじめがあったので、今日は人の気持ちを理解するために、○○○という心理技法をする！」などと言って指導的立場で、心理技法を導入したとしても、子どもは本心で心理技法に向かうことは少ないでしょう。たとえ相手が子どもであっても、人の心は高圧的・威圧的な態度では真に変わっていきません。教師は子どもの心の成長を手助けするという立場で実施することが大切です。

　実は私も以前、中学校の現場で、クラスを説教した後に、心理技法を実施したことがあります。そのときの雰囲気は最悪で生徒たちのほとんどは、教師にやらされている感じを持ち、活動に乗ってきませんでした。たった1回の出来事で、そのクラスで心理技法を実施するには気まずいものとなり、その年はうまくいかなかった苦い経験を持っています。

！ 乗ってこない子どもがいても叱らない

　クラスや保健室で心理技法を実施しても、あまり乗ってこない子どもがいます。そのとき、決して叱らないことです。教師はどうしても子どもを自分の土俵に乗せようとします。それは教師が指導的立場で接しようとするからです。心理技法を行うときは、支援的立場を忘れないことが大切です。

　人は心理技法で自分が変わっていく際、ある種の抵抗を感じる場合も少なくありません。つまり、自分の内面を見つめたり、変えたりすることに、苦痛を感じ、今の自分で在り続けたいという葛藤が生じるからです。そのような場合は、無理強いするのではなく、教師はそのジレンマを理解してあげ、根気強く支援していくことです。また、一見、心理技法で活動に乗ってこないように見えても、頭の中では考えていることもあるので注意してください。

　ただし、叱らないといっても、その場の雰囲気を乱す行為については厳禁であるといった約束事を、心理技法を行う前に確認しておくことも大切です。

! 受容する態度で温かく見守る

　心理技法の実施には、教育相談的態度が必要不可欠です。教育相談的態度とは、子どもの心の成長を信じ、ありのままを受け入れ、よりよい方向へと向かっていけるように支援しながら温かく見守ることです。

　カウンセリングでは「気づき」が大切だといわれます。それは、気づきによって人は成長するからです。他人から自分のことをいろいろ指摘されても、自らそのことを認識しないと人の行動は変わらないのです。最近では、自己認識と行動の関係をメタ認知という脳科学の視点からも研究が進んでいます。

　心理技法のひとつであるゲシュタルト療法では、気づきを促すことで、自然治癒力としての心のホメオスタシス（恒常性：生きていく上で重要な機能を正常に保とうとする働き）機能が作用し、よりよい人格が統合されるとしています。子どもの気づきを促し、自らの力で望ましい成長へと導く支援が心理技法なのです。

あとがき

　本書を手にし、読んでくださった読者の皆様に感謝いたします。最後まで読んでいただきありがとうございました。

　心理技法は、クライアント（相談者）の認知・感情・行動などに働きかけ、自他への気づきから、適応的な変化を促進する支援方法です。筆者が心理技法に出会って24年がたちました。それまでは特別に心理学の勉強をしてきたわけではありません。当時、中学校の教師として、「経験、勘、気合い」といったいわゆる教育現場の「3K」に頼る指導を行っていました。教師が情熱をもって子どもに接すればどんな問題でも解決できると思っていたのです。しかし、現実はそう甘くはありませんでした。不登校の子どもに、一生懸命心を込めて自分の思いを語っても、悪化するばかりでした。また、いじめ指導についても、「いじめは絶対に許さない」という毅然とした態度で日頃から臨み、道徳や学級活動で取り組んでいたにもかかわらず、学級で陰に隠れたいじめが発覚したのです。そのときのショックとはたとえようのないものでした。

　意気消沈して学級経営に自信を失いかけていたある日、教育相談の研修会で心理技法（ロールレタリングp.25〜）に出会ったのです。筆者は夢中になって一晩でその心理技法の本を読み、見よう見まねで学級経営に心理技法を導入することにしました。実践を進めていく中で、学級が落ち着き、子どもたちが一人ひとりのよさや違いを大切にし、お互いを認め合う親和的な雰囲気になっていったのです。このとき、これまでの筆者の指導は、教師が子どもたちに一方的に教え込む「対処療法」中心の指導であったことに気づいたのです。これからは、子どもたちの力を信じ、子どもたち自身の力でよりよい方向へ成長していくために、その能力を引き出す「開発的・予防的」な視点に立った支援の必要性を強く感じました。これを機に、大学院で学校心理学から、さまざまな心理技法の理論体系を学び、それらを学校教育現場で実践してきました。同時に、心理技法の科学的エビデンスを得るために、大学院医学研究科で脳科学からアプローチし、その有効性を確信することができました。

　このように、心理技法は子どもたちのみならず、筆者の教師としての指導の在り方を望ましい方向へと導いてくれたのです。本書が子どもたちや先生方にとって、「気づき」を得るきっかけとなり、個をしなやかに変容させ、自己実現を図るうえで少しでもお役に立てれば幸いです。

　最後になりましたが、少年写真新聞社の松尾由紀子氏には本書の企画から発刊にいたるまでご支援いただき厚く御礼申し上げます。

2021年4月

岡本 泰弘

さくいん

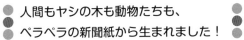

新聞紙人形誕生！

人間もヤシの木も動物たちも、
ペラペラの新聞紙から生まれました！

ぼくも仲間に
入れて～

わたしたち
み～んな新聞紙で
できているのよ

わしもだ
ワン

新聞紙人間
進化論!?

これは一体
なんだ!?

おっ、
立ったぞ！

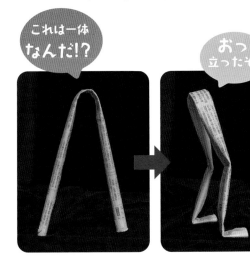

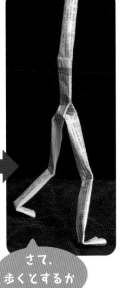

さて、
歩くとするか

ダンスだって
得意だよ♪

動きはじめた人形たち！

● ガサガサ、ビリビリ。丸めて、
● 巻いて、貼って……できた～！

ほう、
うまいもんだ～

こんにちは。
仲良くしましょ

広告のカラーページで見つけたピンク色が
素敵なスカートになりました。

コンニチハ、
ワタシタチハ、
ウチュウジンデス

長い髪も
似合うでしょ

髪型もバッチリ。
おしゃれして
おでかけしましょ

みんなで物語も創ろう！

● 人形たちが活躍する物語を創ります。どこのお話？　なにをする？
● 大きな紙にアイデアを書いて相談します。

大きな紙に、それぞれが思いつく「なに」「どこ」を
絵や文字で書きこみます。

おれ様の出番は
あるかな？

小道具やセットは、
新聞紙や段ボール箱
でつくるよ

びゅーんと伸ばして新聞紙の
木の完成。

みんなで協力して小道具を
つくります。

さあ、あそんでみよう！

● 人形同士でおしゃべりを楽しみます。
● 話しているうちに、だんだんお話ができてきますよ。

ひめ、助けに来ました。

まぁうれしい！

さあ、いっしょに行きましょう

歩いたり、寝転んだり、人形同士でにぎやかにおしゃべり。

みんな楽しそうだなぁ。ぼくも仲間に入れてよ

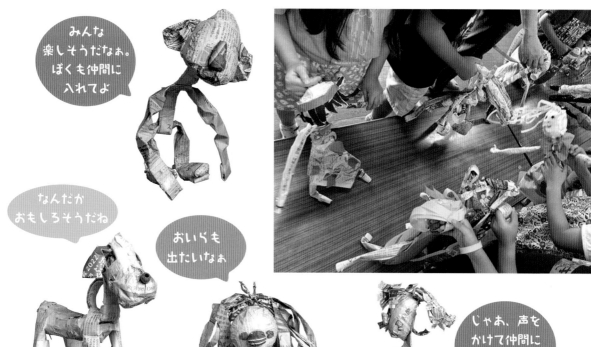

なんだかおもしろそうだね

おいらも出たいなぁ

じゃあ、声をかけて仲間に入れてもらいましょ

わくわくシアター

新聞紙で人形づくり＆劇あそび

渡辺真知子・わけみずえ

いかだ社

はじめに

　「わくわくシアター　新聞紙で人形づくり&劇あそび」を手に取ってくださりありがとうございます！

　人形劇などのワークショップのやり方や、伝え方、子どもへの対し方など、何かにつけてよく話し、雑談する人形劇仲間で、長年の友の"わけちゃん"こと和気瑞江さんを介して、「人形劇の本を出しませんか？」と、声をかけられました。
　「人形劇の本!?」と、驚き、緊張しましたが、「新聞紙人形」なら、ちょっと変わり種の人形劇の本ってことになるかしら……と、この本が生まれました。
　わたしが長年所属していたプーク人形劇場は、毎年「夏休み人形劇教室」を企画し、子どもたちと（時には大人も交じって）3日間で人形をつくる、物語を創る、そして人形劇専門劇場「プーク人形劇場」の舞台で人形劇をする、という活動を続けています。
　「人形をつくる」では、ウレタンやスチロールのほか、軍足（くつした）や軍手、百円ショップのほうきなど、人形の材料とは思えない素材で「世界で1つだけの人形」で「見たことも聞いたこともない物語」をつくり、人形劇の発表をしてきましたが、近年は新聞紙だけで人形をつくっています。

◆なぜ新聞紙？

●身近で手に入りやすい。
●コストパフォーマンスがよい。
●絵の具やのりを使わないので汚れが少ない（掃除が楽）。
以上は大人の事情です。

新聞紙のよいところは、
● ハサミは使わないので、安全。
● 同じ材料で同じ工程でつくっても、同じものができない。
● 上手いとか、へたがない。
● 硬すぎず、柔らかすぎない新聞紙の紙質がよい。
● 自由度が高い。

　こんな素晴らしい新聞紙のあそびですが、テキストはありません。
　実際に、かたちを見せながら「"クルクル"とまるめて」「"ギュウ〜"
とつぶして」などと声がけをしながら、参加者と一緒に人形をつく
ります。
　この本では、その声がけの代わりに、わけちゃんに素敵なイラス
トを山ほど描いてもらいました。どうか皆さんに伝わりますように
……。

　むかしから、新聞紙は、折り紙や切り絵、丸めた筒を刀に見立て
たチャンバラごっこなど、子どもにとって身近なあそび道具でした。
今だって、外あそびのできない雨の日の保育室では、「新聞紙あそび」
の人気は結構高いのではないでしょうか？
　そんな身近な新聞紙を使って子どもたちと人形劇あそびをして
きた中のエピソードなどを交えながら、「新聞紙　つくる　あそぶ
人形劇」をお伝えしたいと思っています。
　また、人形劇だけではない新聞紙のあそびも紹介します。
　新聞紙はわたしたちに無限のあそびを提供してくれる……そんな
気がしています。その気持ちを皆さんと共有できれば、こんなうれ
しいことはありません！　どんどん実践してくださることを期待し
つつ、この本をお届けしたいと思っています。

渡辺真知子
わけみずえ

目次

第**1**章
つくってみよう！
動く人形

新聞紙、しんぶんし、右から読んでも左から読んでも、
上から読んでも下から読んでもしんぶんし。
読み終わった新聞紙で動く人形をつくります。
さぁ、ペラペラの新聞紙からなにができるかな？

話したり・歩いたり・モノを見たり・踊ったりする人形劇の人形。
新聞紙に心をこめて、つくってみましょう。

おもしろそう！　やってみたい！　と思ったら
つくってみよう！　動く人形。
動かすのは、人形使いのあなたです！

本書で紹介するつくり方は、子どもたちと製作する中でできた方法です。
参考にしつつも、あなたの方法でアレンジを楽しんでください。

用意するもの

■ なんといっても新聞紙！　そして手で楽に切れる紙テープ。
あと少しだけ、接着剤（のり）か両面テープ。

新聞紙　6〜7枚（朝刊1日分）

　小さい数字がびっしり詰まったページ、広告の大きなカラーページ。
　使い道はいろいろです。

紙テープ

● マスキングテープ（白）・弱粘性紙粘着テープ
● 模様入りやカラーのものより、白を用意しましょう。

＊おすすめはSEKISUI紙粘着テープですが、手で切れればメーカーにはこだわりません。

　カラーページはあとで、人形に服を着せたりする時に使います。小さい数字がびっしりのページは、顔など大きな文字の見出しや写真を出したくない箇所に使います。

集めておくと
便利だよ！

接着剤（のり）か両面テープ

人形づくりの後半で使います。

● 新聞紙は、コンビニや駅の売店で買えます。
＊多めにほしい時は、新聞を購読している知り合いに譲ってもらえるよう頼んでみましょう。
＊園などで大量に使う場合は、図書館や役所に相談して譲ってもらいましょう。
● マスキングテープはホームセンターなどのペンキ売り場付近や文具店にあります。

ポイント

なぜ、紙テープ（マスキングテープ）を使うの？

紙テープは、ハサミやのりがなくても、手で切れるので便利です。

子どもたちは、指先の力が弱くて紙テープを「ちぎる」のが苦手です。

製作に入る前に「ちぎる」コツを練習しましょう。

マスキングテープは手でちぎれて便利です。そして貼り直しもできます。セロハンテープの場合、粘着力が強く、はがすと紙が破れてしまいます。

ある時、子どもに「お菓子の袋を切るみたいね」といわれて「なるほど！　そういういい方もありだ」と思いました。

Column
コラム　人と対面しないモノづくり
新聞紙の人形づくり

●緊張がほぐれ集中力アップ

小さい子どもでも、「見られる」「比べられる」「うまくできない」を気にします。モノに集中する「モノづくり」は、つくっているさいちゅう、周りからの視線を忘れます。

"ガサガサ、ゴソゴソ"大きな新聞紙と格闘している時は、ほかの人が気になりません。

また、新聞紙だから失敗しても大丈夫。もったいなくないという安心感。そして、上手も下手もありません。

余裕が出てくると隣の人の作業を見たり、ほめたり真似をしたりします。

「失敗してもいいよ」「まねっこOK」の声がけに、安心して集中します。

新聞紙の人形づくりは、手・指・手のひらの運動で、音・匂い・手触りなど五感を刺激し、素材を知ることと、同時にモノをつくる感覚（心）も刺激します。

新聞紙と仲良くなろう！

モノづくりのウォーミングアップです！
スポーツをはじめる前の準備体操のようなものです。

クシャクシャ、グシャグシャ丸めて広げて

① 新聞紙１枚を広げ、クシャクシャ
にして小さくする。

② 破かないように気をつけて、しわを伸ばして
広げ、もとの四角に戻す。
ちょっと柔らかい新聞紙のでき上がり。

③ しわを伸ばした新聞紙の四隅を、ふんわりと空気も
一緒にまんなかに集める。

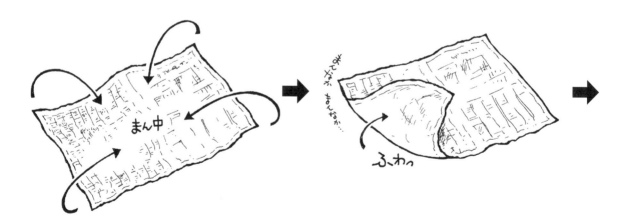

ポイント

　クシャクシャに丸めるとデコボコになるので、外側の
ヒラヒラを中に巻きこむようにして、しわが出ないよう
にします。そのままにしておくと広がってしまうのでテ
ープで押さえます。
　丸めた新聞紙は、人形の顔やからだのお肉、靴や手に
します。

④　外側を順々に「まんなかまんなか」とおまじないをかけながら、手のひら
　に乗るくらいまで集めたら、おにぎりをにぎるように丸めてボールにする。
　いい形ができたら、周りをテープで押さえて形をキープする。

筒をつくろう

筒とは、新聞紙を細長く丸めた棒のことです。
チャンバラ大好きな男の子はきっとつくったことがあるはず。
でもここでつくるのは、望遠鏡!?

人形づくりに大事なもの！
ていねいにつくってね

筒をつくる

① 新しい新聞紙を広げて縦長に置く。

② 短い辺からクルクル丸めて筒にする。
　●巻きはじめはギュッとにぎらないように。
　●最初から細くしようとすると難しいので、
　　ふんわりゆるく巻きはじめる。

たて長におく

ふわっと

ぎゅって握らない
ように！

くるくる

③ 棒は望遠鏡のように向こう側が見える
　ように筒状にする。

ちゃんと
向こうが
見えるかな？

④　人差し指くらいの太さになるように、きっちり巻く。

●太くなってしまった時は筒の中に指を入れて、内側から巻きこむ。

●片側だけでなく、交互に両側から少しずつ巻きこんでみよう。

⑤　巻いたものが戻らないように、まんなかと両端にテープを巻きつけて止める。

ポイント　巻き終わりが斜めにならず、まっすぐになるように気をつけましょう。

「新聞紙で筒をつくる」は結構難しい

大人がつくった見本の棒を芯にしてその上に巻きつけ、
紙に癖をつけると巻きやすくなります。

筒は3本つくりましょう。
このあと、人形づくりの
重要なものになります

３本つくるよ！　がんばれ〜〜〜

Column
コラム　　新聞紙との出会い　「筒」の誕生秘話!?

　新聞紙人形をはじめるずっと前のこと。

　頭ではなく手で考える。制限時間内に、ひたすら新聞紙を丸めてテープで止めて何かの形をつくるワークショップを体験しました。

　うつうつ悩むまえに動いてみることが快感で何度かやっているうちに、ある参加者が結構大きい「頭」「からだ」「手」「足」とパーツをつくり、組み立てて人形にしたいといいました。

　さて、あるのは新聞紙とセロハンテープ。

　人形劇の人形は造形物が動いて表情を見せるためには構造があって、それには「木」や「布」でからだを支えて動かします。しかし手近にそのようなものはありません。その時は「ごめんなさい。できません」と断ったのですが、なんとも悔しくて新聞紙をクシャクシャしながら珍しく考え続けました。そして、新聞紙が木や布の代わりにならないか？　と思いつき、そこから生まれたのが「筒」なのです！

　最初は人間の骨格を見本に、首、肩、胸、腰、脚・足、腕、手と「筒」の本数が多く、大きさも人間の子どもくらいになり、肉づけをしてデスクに座らせておくと、見る人をギョッとさせたものでした。

集中・時々 ブレイク・リフレッシュ

ちょっと疲れて集中力が途切れた時、リラックス＆リフレッシュタイムで少しあそびましょう。
子どもでも大人でも、必要な時間です。

筒であそぼう

2本で双眼鏡

望遠鏡（筒）を2本、両方の目に当てて見ます。2つの丸が見えるでしょう。

筒の先を近づけたり離したりしていると、丸が1つに重なる瞬間があります。するとみんな大喜び。

これは双眼鏡のピントを合わせるのに似ています。

1本で手のひらに穴が……！

両方の目をぱっちり開けて、片方の目に望遠鏡（筒）を当て、もう片方の目は手のひらをまっすぐ見ます。あらら、手のひらに穴が！

＊手のひらと筒の位置に注意。まず先生がチャレンジ。できたら子どもたちとやってくださいね。

筒の横に 手を ぴったりつけて
両目は ぱっちり あけて

手に穴が!?

あ～穴が…

3本で長ーい指

指の太さに丸めた筒3本を用意。人差し指と中指と薬指を筒に入れて、魔女の手。

筒2本に人差し指と中指を入れて長い足。下に向けて床を歩いてみましょう。

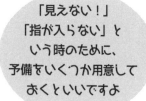
「見えない！」
「指が入らない」という時のために、予備をいくつか用意しておくといいですよ

ふふふ… 魔女よ…
いっちに いっちに

人形の構造
（様式またはスタイルともいう）

人形劇の人形には、顔やからだつきなど表面上の「造形」と、見ている人（観客）に動きや表情を伝える動き（操作）を可能にする「構造」があります。

本書の新聞紙人形は、操作する人の上半身が見える「出遣い」という形式になります。中腰で隠れて操作するものより、姿勢が楽な方法です。

　基本的には人のからだの骨格を手本にしています。
　２本の足と手と頭（顔）、それらを支える胴が基本です。ひざやひじなどの関節がどのように曲がるか、自分のからだで確かめてください。

いよいよ人形づくり！

手、足、胴体、頭のパーツをつくっていきます。
まずは筒を使って、足づくりからはじめます。

足をつくる

① くるくる丸めた筒の中心を写真のようにやんわりにぎり、
   にぎったまま折り曲げる。

なにに見えるかな？
2本の足？……
まっすぐの棒みたいで
ちょっと変！

② 「ひざ」や「足首」の位置を決める。

自分の足で、どこが曲がるか確認し
て折り曲げてみよう。
立っている前と後ろ、おへそとお尻
を考えないと変な方向に曲がるよ。曲
げる時、折りたいところをペチャンコ
につぶして、しっかりと折り曲げよう。

足ができたよ！　歩いてみよう

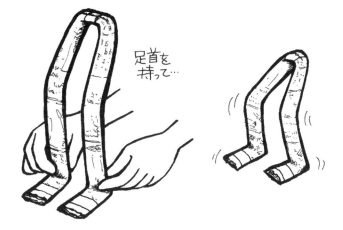

足首を持って…

1枚の紙が棒になり、
「足だ！」と感じた時が
人形劇のはじまり。
人形が動き出す感覚を
楽しみます

あそんでみよう

足首を持って歩いてみよう。

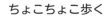

大股で歩く　　　　ちょこちょこ歩く　　　元気に歩く

悲しくトボトボ歩く　　　浮かれてピョンピョンはねる　など

さっきまで1枚の紙だったものが筒になって歩き出しました。
人形が動き出します。

> 「人形劇あそび」は自分ではない人形の形（からだ）を借りてあそびます。
> 「なってみて」「やってみて」子どもたちは人形劇のもつ力を発揮します。

室内の床やテーブルであそべる、足だけあそび。
小さい人形劇ごっこです。

足だけでサッカー　　新聞紙を丸めたボールをける。

だるまさんが転んだ　　まず鬼を決めて。

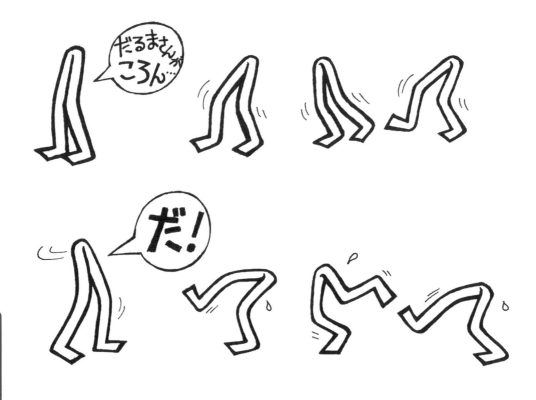

みんなで行進してみよう
音楽に合わせて元気に歩こう♪

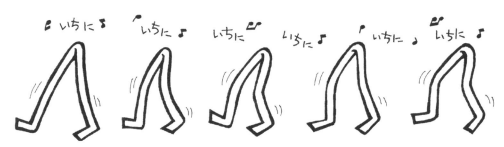

Column
コラム　足だけじゃ気持ち悪い

　丸めた筒の新聞紙を半分に折り、縦や横にして「何に見える？」と子どもたちに問いかけると、「鬼の角」「ワニの口」「焼き肉屋さんのトング」など、口々に声が上がります。「足に見える！」と返ってきたら、「キター！　待ってました！」と、心の中でつぶやきます。足首を持ってひょこひょこと歩くと、「ウワァー」「おもしろいー」の声。さっきまでペラペラの紙だったものが生き物のように動き出す。人形劇のはじまりです。

　あそびをはじめたばかりの頃のこと。地味な新聞紙とセロハンテープの造形ワーク。はたして子どもたちはついてきてくれるのだろうかと、やや不安な心持ちのワークショップでした。

　そんな中、つまらなそうにしていた4年生くらいの女の子が「足だけじゃ気持ち悪い！」とひとこと。

　一瞬ドキッとしましたが、「足の次はからだをつくります」と続けると、安心したようにからだをつくりはじめました。そうか、この子は人形の全身を想像して足だけ動くのが「気持ち悪い」と感じたのでしょう。

　人形劇は見えないものを見せ、想像力を引き出すといわれます。まだ手探りだった「新聞紙の人形づくり」でうれしかった瞬間でした。

　今も「足だけあそび」が大好きです。

からだ（胴体）をつくる

筒をもう1本。胴体になります。

① 胴体の筒を傘の柄のように折り曲げ、
足を馬に乗るようにまたがせる。

② 足が抜けないようにテープでしっ
かり止める。

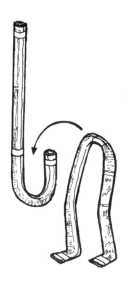
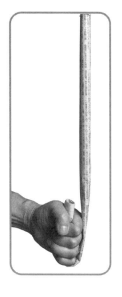

③ 持ち手をつける。
胴体のてっぺんを後ろ側にまわして輪をつくる。

ポイント

胴体のてっぺんの輪は、人
形を操作する大事なものです。
自分の指が4本入るくらい
の大きさにして、しっかりと
テープで止めます。

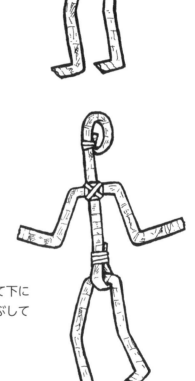

手をつける

筒をもう1本。手になります。

① 筒のまんなかを胴体につける。

② 手の位置は、持ち手の下２cmくらい空けてつける。

③ グラグラしないよう、たすきがけのようにテープを巻きつける。

首 ↓

肘 → 肩 → 肩 ← 肘 ←

たすき掛け

④ 肩の位置をつぶして下に折り曲げ、ひじもつぶして折り曲げる。

ポイント

手のつけ位置が持ち手の輪に近すぎると、頭が少ししか動きません。首はすこし長めにすると、「下を見る」「遠くを見る」「首を傾げて考える」など、表情が豊かになります。

肩やひじはどの方向に曲がるか、自分のからだを手本にして考えてみましょう。

自分の体は どこが どう曲がる？

頭をつくる

いよいよ人形らしくなりますよ。

新聞紙を丸めて顔の形をつくります。

丸顔、面長、四角い顔など、どんな人にするかはあなた次第です。

① 顔にする部分を下（裏）にして、そこに向かって外側から折りこみ、おむすびを握るように形を整える。

② 顔の前側は、なるべくしわが出ないように気をつけよう。

ぎゅっぎゅっ

↑横からみると……

紙テープ

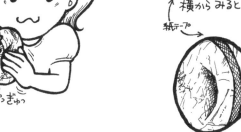

p13を参照してね

③ 後ろ側は、持ち手を貼りつけるので、少しくぼんでいたほうがよい。

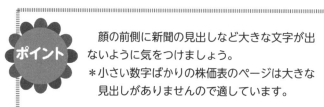

ポイント 顔の前側に新聞の見出しなど大きな文字が出ないように気をつけましょう。
＊小さい数字ばかりの株価表のページは大きな見出しがありませんので適しています。

26

胴体に頭（顔）をつける

持ち手は人形を操作するための大事なところ！
しっかりつけるために、両面テープまたは接着剤を使います。また、からだのボリュームをつける時なども、必要に応じて接着剤を使いましょう。

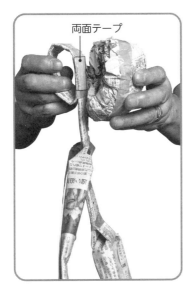

両面テープ

この方法は、からだのふくらみなどにも使います。

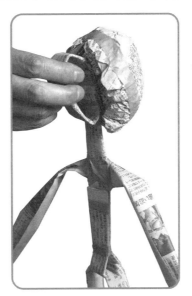

人形らしくなってきましたね。
そろそろ、どんな人にしようか
考えながら次のページに
進みます。歩く、はねる、
座る、モノを見る、動かして
みるといろいろイメージが
わいてくるかもしれませんよ

ひょろひょろの骨だけ人形完成！

■ 骨格だけの全身ができました。
さっそく動かしてみましょう。

人形の持ち方と、立ち姿のポイント

持ち手は
ギュウっと
にぎらない

● 舞台にする台に向かって正面向きに立つ。
● 片手で人形の持ち手を軽くにぎり、胸の前に構える。
● もう片方の手で足元が浮かないように腰のあたりを支える。
● 人形の目で見ているように、顔を上や下、横に向ける。
● 持ち手をギュウっとにぎると手首が固くなって動けません。

ポイント

人形劇のはじまり

　人形が相手（観客）の方を向いて話しかけたら「人形劇のはじまり」です。
　胸の前で持つと、自分で人形を正面から見ることはできません。
　どんなふうに動いているか鏡で見たり、友だちに動かしてもらって、どんな表情か観察しましょう。

人形を動かしてみよう

目線　人形がどこを見ているのか「目線」が大事です。
顔が動きやすいように腰をそっと支え、
首をひねったり傾げたりしましょう。

顔や手がつくと「足だけあそび」に比べて足を動かしにくいですね。
でも持ち手を軽くにぎって、ピョンピョンはねたりしながら移動する、
空を飛ぶ、地面にもぐるなどの動きができるのは人形の特権です。
いろいろやってみましょう！

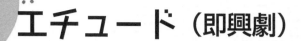
エチュード（即興劇）

骨だけ人形で、セリフは決めずに、即興的に、日常の
小さなできごとを人形でやってみましょう。

吹き出しにいろいろなセリフを入れて、
人形で会話を楽しみましょう。

 ポイント ## コトバよりも気持ち

たくさんのコトバよりも気持ちを楽しみます。
気持ちや感情を音（オノマトペ）や、デタラメ
外国語などで表現するのも楽しいですよ。

どんな人物にしようかな?

骨だけ人形で劇あそびを楽しみましたか?
では、どんな人(キャラクター)にしたいですか?
あなただけの人形です。なんにでもなれますよ!

体型を考えよう

背が高い?　低い?　子ども?　大人?　お年寄り?
太っている?　やせている?　足は長い?　短い?

【基本形】

新聞紙を丸めて顔をつくった方法で、おなか、胸、お尻などに
形を考えながら貼りつけます。

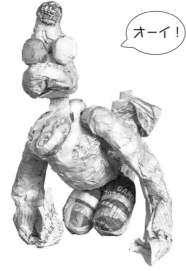

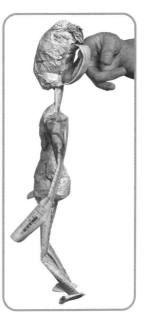

横から見ると、体のふくらみがよくわかります。

ポイント　足と手の長さを調整……長すぎたら折り曲げて好み
の長さにします。
（マスキングテープははがしやすいので便利です）

見ている方向がわかるように
顔に鼻と目をつけよう

鼻をつける

　顔の表情筋をもたない人形の表情は、見る
人の想像力によってつくられます。

　顔の傾きや方向によって、見る人は「なに
か見つけた」「なにか考えているな」と感じ
取ります。

　人形がなにを見ているかわからせるには、
顔の正面の鼻の向きが重要です。

　鼻は小さく丸めた新聞紙でつくります。

　新聞のカラーの部分を使うと、目立ってはっきりします。

　大きくても、小さくても、丸くても、とがっていても……好きな鼻にしてください。

目をつける

　目はなくても、顔の方向でなにを見ているのかわかりますが、目をつけ
ることで、表情がうまれます。

わたしの目は
よく見える

ポイント
　目はマジックインクなどで描いても、新
聞紙を丸めて貼ってもOK。
　ウインクやニコニコ目にすると、悲しい
時や怒っている時も同じ顔になるので、普
通の表情のほうがいいです。

新聞紙のカラーのページから、
合った色を見つけて顔に貼ります。
動かしているうちに落ちないように、
のりでしっかりとつけてね

服や飾りをつけて
完成させよう！

はだかん坊ではちょっと恥ずかしい……。
人形に服や飾りをつけてみましょう！
きれいな色の広告のページを切ったり貼ったり。
あなたのやりたいことを、やりたいように。

エビの妖怪!?

新聞紙を細く
裂いてひげや
髪の毛に

ハサミは肉付けして
ふっくらと

ドレスアップした淑女

おしゃれな
帽子

カラーページやかわいい
模様のページをちぎった
り巻きつけたり

> 新聞の中にはきれいな色の
> 広告のページがあります。
> 見つけて取っておくと
> いいですよ

ポイント

　きれいな包装紙や色紙をハサミやのりを使って
貼ってもいいよ。
　新聞紙は、縦には裂きやすく横には裂きづらい
性質があります。たくさんの髪の毛をつける時は、
この性質を知っておくと便利！

ヘンなおじさん！

新聞紙を裂いた
ユニークな帽子————

ミトンの手袋
のような手————

————靴をはかせると
安定感が出る

宇宙人

————アンテナのように
とがらせた帽子

————袖を
ふくらませて

おしゃれしておでかけ

細く裂いて
くるくるヘアに————

おしゃれな柄の
部分をちぎって
洋服に————

————かわいい
ツインテール

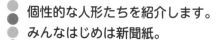

● 個性的な人形たちを紹介します。
● みんなはじめは新聞紙。
● みんなちがってみんなすてき！

王子様

もの思う人？

顔はマーカーで
描いてもいいよ ——

盾と剣を持って
勇ましく

仲良し２人組

好きなヘアスタイルは
どっち？

スカート派？　パンツ派？

怪しげな探偵？

ちょっと気取って
ハンチングを
かぶせたよ

文字の部分を生かした
おしゃれなズボン

新聞紙を丸めて
ボリュームある帽子

勇者たち

マフラーを
なびかせて

足元はある程度重さがある
ほうが安定する

もっといろいろつくれる 新聞紙人形

3本の筒で人の形をつくってきましたが、ちょっと
工夫をすると、4本足の動物などもつくれます。
犬やライオン、足を短くしてワニもできました。
おばけやヘビなど想像しながら楽しんでつくってみましょう。

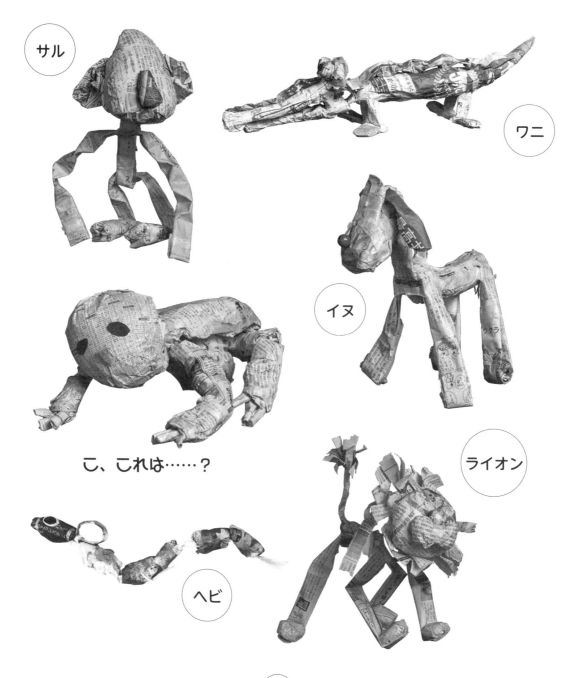

サル

ワニ

イヌ

こ、これは……?

ライオン

ヘビ

さらにひと工夫

　細かく切った新聞紙を、張り子の要領で人形の全身にボンドで貼りこみ、乾かすと、固く丈夫になります。

　その上から絵の具で色を塗り、布の衣装を着せることもできます。

　手間と時間はかかりますが、新聞紙とは思えないような人形ができます。

＊ボンドはあまり薄めないほうがうまくできます。

＊肩やひじなど、関節が固まらないように気をつけましょう。

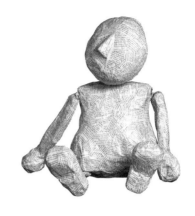

グラマーな女性

南の島の女性

長く使い続けるめに

　人形の骨格の関節や首は、摩擦や力がかかり、何度も使ううちに切れたりします。

　はじめに、新聞紙の筒に布を巻き、ボンドで貼りつけて丈夫にしておきましょう。布は薄手の木綿生地が適しています。

人形劇の人形

人形劇の人形はたくさんの使い方があります。

だれもが知っている「片手使い人形」から「差し金棒使い」「マリオネット」「着ぐるみ」「ペープサート」などが人形劇の人形に分類されています。

いくつかの人形を紹介しましょう。

手袋のように手を差しこむ
「片手使い」

糸で操る「マリオネット」

人形の手につけた棒を操作
する「差し金棒使い」

1本の棒の先の人形を動かす
「1本棒使い」

紙と竹串でつくる
「ペープサート」

日本は世界でも珍しいほどたくさんの人形芝居がある国です。3人で遣う文楽は世界無形文化遺産に登録されていますが、なかでも文楽人形を1人で遣う「車人形」は海外で注目されています。

車人形
箱に車のついた「ろくろ車」に座り、左手で頭と左手、右手は右手、足で足を動かします。

第2章
みんなで創る
人形劇

　人形づくり、楽しくできましたか？
　ペラペラの新聞紙からどんな人形が生まれましたか？
　初めはみんな同じ新聞紙だったのに、顔や姿も違う人形たちになりました。

　第2章では、みんながつくった人形たちが活躍をする、人形劇を創ってみ
ましょう。
　アイデアを出しあって、みんなで一緒に物語を創ります。
　おや？　今までは「つくる」と書いていましたが、物語では「創る」とい
う漢字が出てきました。「つくる」と読みます。
　つくるは「作る・造る・創る」の3つの漢字があります。その中で「創る」
はなにもないところからつくるという意味です。

　みんなが生み出した人形たちは、名前も、住んでいる場所も、やりたいこ
とも、まだなにもわかりません。
　人形劇のもとになる物語もない。なにもないから、どんなお話でも自由に
創れます！　どんな人が、どんな場所で、なにをするのか。楽しみですね。
　おもしろい人形劇にしましょう。

人形劇のつくり方

ここからは、人形たちが活躍をする物語づくりです。

1章でやってきたこと

人形ができるまでを
ちょっと振り返って
みましょう

ペラペラの新聞紙をクシャクシャ

望遠鏡ができたぞ

ちゃんと
向こうが
見えるかな?

望遠鏡を
曲げたら……

足になって歩いた〜〜〜
おもしろい〜〜

からだができて、頭をつけたら
骨だけ人間だ!

できたぞ〜〜〜

人形たちの完成、
バンザイ!

これからやること

インタビュー

人形の自己紹介をして

相談しよう

いっぱい話し合って

稽古をするぞ

たくさん稽古して

発表会をやろう

お客さんの前で発表会をしよう！

劇団の名前をつけよう！

人形にキャラクター（性格・性質）をつけよう

どんな人形がいるのか、名前はなに？　どこに住んでいるの？
インタビューして、人形に教えてもらいましょう。

ワクワク

ドキドキ

ワクワク
楽しみ〜〜

インタビューって、どうするの？

　インタビュアーのアナウンサーも人形。答えるのも
人形。マイクでインタビューして、マイクに答えます。
　ほかの人はお客役でインタビューを見て、名前や、
どんな人（キャラクター）かを知ります。

街頭インタビューのように、
「こんにちは！　ちょっと
お聞きしてもいいですか」
のように話しかけます。

あなたの
お名前は？

え〜と…

あなたもアナウンサー

突撃インタビューでキャラクター紹介

インタビューリレー

　リレーのようにアナウンサーを交代してインタビューします。インタビューを受けた人がアナウンサーからマイクを受け取り、次の人にインタビューをします。

　これを順々に続けていき、最後の人は、最初の人にインタビューします。

インタビューの
ルールだよ

あとで変えてもいいよ
あとで答えてもいいよ

豆知識

キャラクターってなに？

　物語に登場する人物の個性や特徴を表すものです。その外見や性格・背景などがわかることによって、見る人に気持ちが伝わりやすくなります。

質問の答えは、
表をつくって書き出そう

あとでの変更や、忘れた時のために記録をします。
どんな仲間ができたか、あとで見ることもできます。

マイクの不思議？

　インタビューで、人がたずねると、たず
ねられた人は相手の顔を見て答えます。
　ところが、人形がマイクを向けてたずね
ると、人形はマイクに向かって答えます。
　マイクのもつ力は偉大だ！

インタビュー記録の例

作人形／ポスト	りん	ゆうま	たけし	みる	しんのすけ
なまえ	マスタード	おにぎりマン	たけし	キララひめ	ごえもん
住んでいる所	マスタードのなか	ごはんつき	北海道のぼくじょう	おしろ	くも
お仕事	わかりません	世界中におにぎりをひろめる	馬と牛をかっている	おひめさま	かみなり
年令	10	43	10	1億	300
好きなこと	マスタードをなめる	のりをまく	馬にのってはしる	おしゃれ	くものうえでひるねをする
できないこと	マスタードのびんの外に出ること	パンと友だちになる	ぎゅうにゅうをのむこと	できないことはありません	ちじょうにおりること
特意技	マスタードこうげき	うめのたねをとばす	はなからぎゅうにゅう	ウインク	たいこ
その他		1日に1回はおにぎりをたべないとびょうきになる	ヨーグルトはすき	イケメンによわい	

「エチュード」であそぼう

飾りつけした人形でやります。
「なにかがある！」……どんなお話になるでしょう。

「大きな穴」 道のまんなかに穴がある⁉

丸く切った黒い紙を舞台のまんなかに置く。

＊穴に落ちる人。もぐりこむ人。その先になにがあるか推理する人。
穴を囲んで何通りもの話が展開できます。

「落とし物？」道のまんなかに箱がある!?

中身のわからない荷物（箱・包み）を舞台のまんなかに置く。

＊中身を推理し合うおもしろさがあります。
　最後に開けてみて「おやつのお菓子だった！」などのオチも楽しいです。

物語は「だれ」「どこ」「なに」からはじまる！

「だれどこゲーム」ってやったことはありますか？
ヘンテコなお話になっておもしろいですね。

「だれ」「どこ」「なに」は、物語の中に必ずあるものです。

「だれ」は、登場人物。
生まれてきた人形。

「どこ」は、場所や設定。
物語の大事なところ。

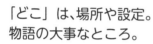

「なに」は、だれが、どこで、
「なに」をするか（したか）。

豆知識

知っててお得　５Ｗ１Ｈ

コミュニケーションで相手にわかりやすく伝える
ための基本です。

When＝いつ・時間　**Where**＝どこで・場所
Who＝だれが・主体　**What**＝なにを・目的
Why＝なぜ　　　　　**How**＝どのように・方法

「だれ」はみんなのつくった人形

どんな「だれ」がいるのか知るために、それぞれの人形に
みんなで聞きたいことを質問します。

人形に質問してみると

●一緒に人形劇をする仲間のことがよくわかる。

●人形の名前とキャラクターを覚える。

●インタビューでいえなかったことがいえる。

●新しく思いついて、キャラクターがもっと豊かになる。

●人形も劇をつくる仲間になる。

ルールがあるよ。
インタビューの時の答えと
違っても「変更OK！」
答えたくないことは「パスOK！」
または「あとで〜OK」

「どこ」はどこだ？

大きな紙に、文字でも絵でも自由に書いて、みんなで見ながら
「どう思う？」と話し合う方法でやってみましょう。
まず、大きな紙のまんなかに「どこ」と大きく書いておきます。
それぞれが住んでいるところを書いてみましょう。
インタビューと違っていてもOK！

もっと、「どこ」を考えよう

同じ紙に「こんなところもいいなぁ」と思った場所を書きましょう。

なにをする、なにができる場所なのか？
いろいろあるよ

「いいな」と思うものを丸で囲みます。ほかの人と同じなら、その上に重ねて〇をつけます。
たくさん〇のついた大きな紙を、よく見える場所に貼っておきます。

 ポイント

いい出す勇気と、手放す勇気

自分のアイデアが採用されないこともあります。人の考えを聞き、自分
の考えも話して、紙に書き出し、みんなで見て、決めることが大事です。

「なに」を探そう！

みんな一緒になって物語をつくっていきます。
もう1枚、大きな紙のまんなかに「なに」と大きく書きましょう。
絵でも文字でもOK。何個でも思いつくだけ書きましょう。

ちょっとだけ質問タイム

　「これ、どういうこと？」と聞いてみましょう。自分のアイデアを、みんなにわかるように話します。ほかの人のアイデアをよく聞きます。
　「いいな」と思うものを丸で囲みます。他の人と同じならその上に重ねて〇をつけます。

物語の扉を開けよう

「どこ」と「なに」を選んだらまず、人形でやってみましょう。

① 最初にだれとだれが登場するか決める。
② だれがいるのか。だれが来るのか。だれと会うのかを相談しよう！

さあ、出会いました。どんな話をしましょうか。
人形で話をすると物語が動きはじめます。
さぁ、第1シーンのはじまりです。

物語づくり　お話の流れをつくる

物語には順番があります

「なにかがはじまる」「内容がわかってくる」「なにかが起こる」「おわり」、
これを「起・承・転・結」といいます。

物語づくりは、行ったり来たりしてお話は進みます

ビックリする「大事件」はおもしろい。その前にあることを考えよう。
ワクワク、ドキドキがお話をおもしろくします。
必ずしも「めでたし　めでたし」で終わらなくてもOKです。
お客さんに「おしまい」とか「次回に続く」などと全員でいいましょう。

「どこ」で「だれ」が「なに」をするのか、流れができたら

いよいよ物語のはじまり！

セリフは決めない。
出会った時の気持ちで
いいたいコトバを人形で
話してみましょう

みんなで見つけた「なに」の1つからはじめよう。

はじめの「なに」の続きはどうする？

お話に迷ったら、大きな紙の「どこ」と「なに」をもう一度見ましょう。
丸がつかない「なに」「どこ」からヒントが見つかるかもしれません。

台本はつくらない

　台本があると、セリフの暗記に注意がいって、コトバに感情や気持ちが入りません。
人形で見て、人形が考えて「答え」や「質問」をして話すようにします。
　どうしても台本が必要だと感じたら、劇の流れ、できごとの順番のメモを書いておく
とよいでしょう。

知っているとお得
物語づくりのヒント

ドキドキ、ハラハラするおもしろいお話には、
必ずアクシデントやトラブルがあります。
できごとが見つからず、困った時の「お助けカード」を紹介しましょう。

（1）留守　（誰かがいない！）
（2）禁止　（これはやってはダメですよ。約束）
（3）違反　（約束違反）
（4）捜索　（探し物・探索・捜索）

よく知っている「七ひきの子ヤギと狼」の
お話を例にすると、こんなかんじになります。

留守

お母さんが
お出かけして
留守です

禁止

絶対ドアを
開けては
いけません

違反

約束を破り
ドアを開ける

捜索

狼を探しに
出かける

あなたも作家になれる!?
知っているとお得　プロップのカード
（物語づくりのお助けカード）

　昔話研究家ウラジーミル・プロップ（1845 ～ 1910）は、ロシアの昔話を研究・分析して、物語を動かすための働き（機能）は「31」であるといいました。

　これら31の機能は、ハリウッド映画やゲームのシナリオの作家が使っているそうです（全員ではないでしょうが）。

　31枚のカードにして、物語をつくりたい時、ストーリーづくりにつまった時などに参考にするとよいと思います。

　「魔法使い」や「主人公のにせ物」などおもしろそうですね。

　難しい言葉がありますが、試してみてください。

プロップのカード　31の機能

(1) 留守

(2) 禁止

(3) 違反

(4) 捜索

(5) 密告

(6) 謀略

(7) 黙認

(8) 加害（または欠如）

(9) 調停

(10) 主人公の同意

(11) 主人公の出発

(12) 魔法の授与者に試される主人公

(13) 主人公の反応

(14) 魔法の手段の提供

(15) 主人公の移動

(16) 主人公と敵対者との闘争

(17) 狙われる主人公

(18) 敵対者に対する勝利

(19) 発瑞の不幸または欠如の解消

(20) 主人公の帰還

(21) 追跡される主人公

(22) 主人公の救出

(23) 主人公が身分をかくして家にもどる

(24) にせ主人公の主張

(25) 主人公に難題が課される

(26) 難題の実行

(27) 主人公が再確認される

(28) にせ主人公あるいは敵対者の仮面がはがれる

(29) 主人公の新たな変身

(30) 敵対者の処罰

(31) 主人公の結婚

　かの有名な「スターウォーズ」はぴったり当てはまるそうです。

人形劇をつくりながら、稽古をしよう！

何度も何度も相談し、稽古はできるだけたくさんしましょう。
稽古の途中でも新しいアイデアが出たら取り入れましょう。

インタビューでつくった「キャラクター表」を生かしましょう。

●この子なら、こんなことできないかな～。
●この人、きっとあれができるよ。
●あの人も来たらいいかも……。
●それなら、セットがいるね。
　など、お話がおもしろくなるなら、キャラクターを変えてもOKにします。

稽古する時の大事なこと

劇の順番をよく覚えておきましょう

順番やいうことを忘れてしまった時は、
「あれ、なんだっけ？」と大きな声で聞いてみよう。

劇をする仲間と助け合いましょう

仲間は助け合いが大事。わかる人は教えてあげましょう。
みんなで思い出したら、みんなで覚えられますね。

相手のセリフをよく聞きましょう

相手のいっていることに答えれば、だいたい大丈夫！
おはなしは続いていきます。

お客さんに聞こえるように、大きな声でゆっくり話しましょう

稽古前の準備体操

準備体操はケガの予防だけでなく、稽古前の体操はチームワークづくりも兼ねています。
気持ちの切り替えで「さぁ、やるぞ！」と元気が出ます。
人形劇は手だけうごかしているように見えますが、全身を使います。

準備体操

大きく深呼吸。
ひざの屈伸と軽いジャンプ。
手首をゆっくり回してから、
ブラブラブラ〜〜〜。

人形を操作すると肩が凝ります。首をグルグル、肩もグルグル。

発声練習

お客さんに聞こえるように声を出す練習です。
大きく息を吸って、口を大きく開けて、「あ〜〜え〜〜い〜〜う〜え〜お〜あ〜お〜」
大きな声でやってみましょう。
みんなの好きな歌を一緒に歌うのもいいですよ。
人形同士でおしゃべりすると、楽しくなって声が出ます。

稽古の時の仲間の力

劇の順番を確かめ合いましょう。みんなで覚えていたら百人力！

出番のない人は、客席側から稽古を見学します

- ●人形が、ちゃんと相手を見ているか。（目線）
- ●姿勢が変じゃないか。
- ●声が客席まで聞こえるか。よく見て、教えてあげましょう。
- ●出る場所や順番がわからなくなったら仲間に聞きましょう。
- ●小道具が行方不明になったら、みんなで探しましょう。

豆知識

　人形の手で持てないものがある時、空いている人（出番ではない人）が手伝います。人形劇では「介添え（かいぞえ）」といいます。

セットや小道具！　なにがいる？

人形劇は見えないものを見せるといわれます。
舞台にあるものとして劇をやれば、暗黙の了解として伝わるものです。

セット（舞台装置）

　稽古が進んでくると、いろいろなものがほしくなってきます。しかし、あれもこれも置くと、人形たちが動く空間がなくなります。
　そうならないように、たとえば
●家の中と外の場合はドアだけ。
●お店屋さんだったら看板だけ。
●背景は、舞台の奥に絵を描いた紙を貼る。
　など、いろいろ工夫をして、どうしても必要なものだけを置くようにしましょう。

小道具

　新聞紙人形の手はものを持つのが難しいです。
　小道具がないと人形劇ができないものはなんだろう？
　リストアップしてみましょう。

人形や小道具の点検

　人形や小道具が壊れていないか、汚れていないかをチェックしておきます。
　壊れていたら直して、汚れているものがあったらきれいにしましょう。

発表会のための準備

人形劇は、見る人も劇をする人も両方大事です。
お客さんに来てもらう準備をしましょう。

舞台づくり

公民館の発表会の舞台

発表会をする会場にあるものを利用して舞台をつくる

【例】公民館等の、発表会の舞台づくり

●舞台の後ろに窓があったら、カーテンを閉めて光が入らないようにする。

●舞台のバックは、白っぽい新聞紙人形がよく見えるように、濃い色の幕（黒や紺）を張る。

●人形たちの舞台は、会議用の長机２台をつなげる。２〜３人の時は１台でもOK。

●長机には、足元が見えないように布をかぶせる。

●舞台の両端に、袖幕になる衝立かパーティションを置くことで登場退場がはっきりする。

●舞台の奥にパーティションがあると背景の絵が貼れる。

●客席から見えないところに人形や小道具を置く場所をつくる。

発表会の進め方

ポスター、案内状（開演時間と場所のお知らせ）をつくり、
お客さんを迎える準備をします。

会場づくり　客席と舞台

舞台は、お客さんが見やすいように客席をつくりましょう。（イスまたはカーペット）

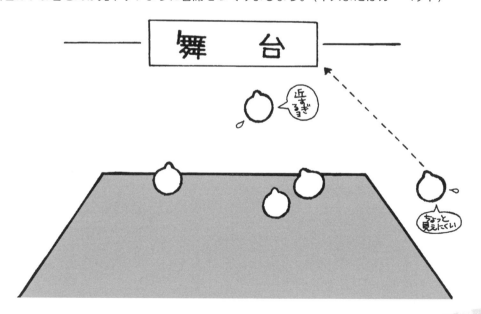

いよいよ発表会！

発表会にはお客さんが見に来ます。
だれでも、舞台に立つと緊張します。恥ずかしくてドキドキもします。
そんな時は「お客さんはじゃがいもだ！　じゃがいもに見られても
恥ずかしくない！」と思って、堂々といっぱい稽古をした
成果を見せましょう。

どうしてもドキドキする時は仲間を信じよう！
1人だけではなく、仲間みんなで
協力し合ってするものなのだから……。

いや～
大丈夫だよ～！

ドキドキするね...

ひとりは　みんなのために
みんなは　ひとりのために
ガンバロウ　エイエイオー！！

発表会の流れ

開場前

●お客さんが入る前にきれいに掃除をします。

●人形や小道具は、お客さんに見えないところに準備をしておきましょう。

開場

開演の15分前くらいに設定し、お客さんを会場に案内します。

開演したら

●はじめのあいさつ

●劇団名紹介

●作品名紹介

●劇のはじまりの合図（「はじまるよー」のかけ声やチャイムなどの音）

みんなで力を合わせて、楽しみましょう。

劇が終わったら

●舞台の前に人形を持って並びます。

　自分の顔と人形の両方がお客さんに見えるように、人形は胸の前に持ちます。

●お客さんに「ありがとう」のお礼を元気よくいいましょう。

　「○○の役をやった△△△です」と自己紹介もしましょう。

人形劇をがんばった仲間たちと拍手をして喜びあおう！
おめでとう！

コラム　人形劇あそびのサポートをする方へ
心がけておいてほしいこと

おもしろそう！　やってみたい！　の気持ちをしっかり受け止めてください。
　人形や劇の完成度を目指すのではなく、そこにたどり着くまでのプロセス（過程）に寄り添い、本気で一緒になって楽しんでください。

　「うまくできるかなぁ」「失敗するかも」という不安で、思い切りあそべない子もいます。
　そもそも正解のない新聞紙あそび、人形劇あそびです。子どもと同じ目線で一緒に考え、サポートしてほしいと思っています。だれも真似できない世界でたった１つの人形。だれも聞いたこともない物語の劇をつくります。ヘンテコでもみんな100点満点。＜否定されない＞＜比べない＞＜強制しない＞、安心と安全なあそび場にしましょう。

　第1章「つくってみよう！　動く人形」では、技術的に大人のサポートが必要です。がんばっているけど、うまく丸められない、テープが貼れない、そんな時は「こうしたほうがよくない？」「お手伝いしてもいい？」と了解をとって手伝うようにします。
　第2章「みんなで創る人形劇」の物語づくりは、子どもたちだけでなく適度な大人の介入も必要です。
　アイデアの出し合いも、一緒に本気で考えて口を出しましょう。迷走する子どもたちの流れをゆるやかに修正します。もちろん却下されることもありますが、それが刺激となって進むこともあります。
　人の意見を聞いて、自分の考えもいう。勇気をもっていったアイデアが通らないことも経験します。「いい出す勇気」と「手放す勇気」。あそびの中でさまざまな経験をする過程を大切にします。
　子どもたちが、疲れて集中力が途切れた時は、リラックス＆リフレッシュタイム（気分転換の時間）をもちましょう。これは大人にも必要です。

●ちょっと困ったアイデアが出た時

　物語づくりでは、時として「殺す」などのアイデアが出ることがあります。そんな時でも、「否定」せず、まずは「なぜ？」「どうして？」「どうしたいの？」と一緒に考えましょう。なによりも、指導的ではない声がけを心がけましょう。
　子どもたちは大人の本気を感じとります。新聞紙あそびをすると、いつも子どもの強い生命力を実感します。

もっと楽しもう！
いろいろあそべる新聞紙

身近な新聞紙は、人形づくりの他にもいろいろ楽しむことができます。
子どもたちが夢中になるあそびをご紹介します。

新聞紙でパラバルーン（大人も一緒に楽しみます）

つくり方　新聞紙30枚を貼り合わせて、大きな新聞紙をつくります。
みんなで一緒にやる共同作業です。

すき間があったらパラバルーンになりません。
すき間や貼り忘れがないかチェック。
そうっと持ち上げると見つかります。
ただちに修復！　たくさんの目があって、
たくさんの手があってできます。

あそび方

巨大新聞紙ができました！
みんなで周りを持って、そうっと持ち上げてみましょう。
あれれ、なんだか重いぞ！　なんでかなぁ？
新聞の上の空気の重さかな？
破れないようにゆっくりと、もっと持ち上げると、急に軽くなって、
フワッと浮き上がります。
上の空気が、新聞紙の中に流れこんできた！
しばらくすると、ゆっくり降りてきます。
新聞紙の中の空気が逃げちゃった。

大人の人が持ってくれたら、
新聞紙の下に入って寝転んでみよう。
気持ちいいよ！
天井がゆっくり上がったり下がったり。ゆりかごで揺られているみたい。

＊見えない空気の動きと重さを感じてみよう。

新聞紙に包まれた〜〜！
1回しかできない大イベント！

新聞紙の下に入って、小さくなって固まろう。
新聞紙を持っている人はゆっくり床まで降ろしてしっかり押さえる。

ちょっと怖い気がするけど、
中は空気がいっぱい
入っているから
大丈夫だよ

キャー♡

うわー♡

しっかり
おさえて
〜〜！

ビリビリビリ

わーい

ビリビリ

おきよう！
バリバリバリ〜〜〜〜

新聞紙に包まれたら、ちょっとだけ楽しんで、
声を合わせて、みんな一緒に新聞紙を破って飛び出そう！
1回しかできないよ。包むのは大人にやってもらおう。

ぼろぼろの大きな新聞紙を破く、破く！
ビリビリ〜〜〜

小さく丸めて投げあう。雪合戦ならぬ新聞紙合戦！
もっと小さくちぎって……あとは大雪！?

最後はゴミ袋を用意して
ちぎれた新聞紙をゴミ袋に集める競争！

1つ残らず拾い集めて、お掃除大作戦完了！

どっちのゴミ袋が
いっぱいになるか
チームで競争しても
おもしろいよ

いろいろ使える　新聞紙工作

　発泡スチロールやウレタンなど石油製品が登場する前は、新聞紙も人形づくりの材料として使われていました。

　チャンバラの刀・かぶと・紙鉄砲なども新聞紙でつくってあそびました。

　インターネットで「新聞紙工作」を検索するとたくさんあります。試してください。

■新聞紙のタワー（「新聞紙のハシゴ」の応用）

  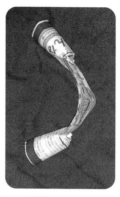 

① 　広げた新聞紙を横長に切って筒にし、両端をテープで止める。

② 　つぶして平らにしたら黒い部分を切り取る。

③ 　両端を筒に戻す。

④ 　一番上からそうっと引き出す。

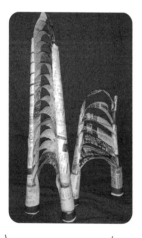

門やタワーに見えるでしょ

■やしの木（「新聞紙のツリー」の応用）

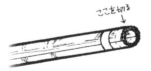

ここを切る

① 　新聞紙で筒をつくる。（p14参照）

② 　筒の先に、10cmくらい切り込みを入れる。

10cmくらい

③ 　いちばん内側の紙をそっと引っぱり出すとヤシの木に。もっと引き出すと、もじゃもじゃのほうきのようにもなる。

人形劇の中でおもしろく使えたらいいですね

コラム 新聞記事から見つけた新聞紙アート

　スマホや情報端末機器の普及の影響で、この25年間に新聞の発行部数は急激に減少しました。とっておきの材料の新聞紙がなくなりそうで心配がつきません。

　そんな中、新聞記事の中に読むだけでない活用法を見つけました。ちょっとだけ紹介しましょう。

◆古新聞紙アート

　ある朝、毎日の４コマ漫画を楽しみにページを開くと、色鮮やかな動物の人形の写真が！　古新聞紙アートと紹介されていました。

　新聞紙を折りこむように丸めて形をつくり、色はカラーページを使うところなど、新聞紙人形と同じです。「一度失敗することが上達のコツ」「新聞は身近な素材。失敗してもたくさんあるので気が楽」など、これも新聞紙人形と同じでうれしくなりました。

◆新聞ちぎり絵

　新聞ちぎり絵は、カラーの紙面を指でちぎって下絵に貼りつけたもので、子どもから年配者までたくさん投稿されていました。グラデーションや陰影、彩り豊かな絵があって、カラー紙面の使い方にびっくりします。

　色紙の「ちぎり絵」は保育園や幼稚園でも取り入れられています。新聞紙でもぜひお試しください。

◆興味深い記事

　N. I. E.（ Newspaper in Education）、「エヌ・アイ・イー」と読みます。

　1930年代にアメリカではじまり、日本では ’85年に新聞大会で提唱された新聞を教材として活用する活動です。

　インターネット検索ではなく、毎日の新聞から「テーマ」を決めてスクラップしたりします。

　たとえば、原発問題・農業問題・健康問題・ゴミ問題・いじめ問題などがあります。

　小学校の低〜中学年では「笑顔をさがそう」「カタカナをさがそう」。なかには「木偏の漢字をさがそう」「一番大きい字、一番小さい字をさがそう」などおもしろそうです。中高生では図書館と共同での取り組みの紹介もありました。

　新聞から気になる記事を見つけたら、そのワードを検索することで、多くのことを知るようになります。ぜひ試してみてください。

　「新聞紙アート」で検索をしたらおもしろいものが続々と出てきましたが、動かす人形劇の人形は見つかりませんでした。メディアに出るのはこの本が最初でしょう。

　新聞紙は、情報を伝える「新聞」としての役割を終えた紙ですが、防湿・防臭効果をもち、ぬれた靴の中に丸めて入れたり、キャンプや災害の時に寒さを防いだり、生活の中でも活躍します。

　新聞紙大好きさんが増えることを願っています。

新聞紙 つくる あそぶ 人形劇

仲間と一緒に「あそぶ」過程（プロセス）が一番の目的です。

　本書は、年長さん・小学生〜大人の造形創作から劇創作までの経験をもとに紹介しています。

　話し合いが中心の「物語づくり」は一番苦戦するのですが、「おもしろかった」という感想が多いのは、サポートする大人の関わりが強く関係しています。サポートについて少しポイントをあげてみます。

第1章「つくってみよう！　動く人形」サポートのポイント

　子どもと"つくってあそぶ"その前に試作をしてください。難しいと思ったところのコツなどをあらかじめ知っておくようにしてください。

●「ひょろひょろ骨だけ人間（骨格）」まではていねいにサポートをしましょう。

●「顔や服や飾りをつけよう」では、説明をし過ぎないで、子どもたちの好きなようにやらせましょう。目配りと気づきが大切ですね。

●完璧を目指さない！　いいかげんで大丈夫。

第2章「みんなで創る人形劇」サポートのポイント

　2章では、自分の考えを「話す」、ほかの人の考えを「聞く」、自己主張と他者理解、いわゆるコミュニケーションが大切です。

　話し合いは子どもだけではなかなか難しいもの。ここに、大人の程よい距離感と本気のサポート参加が必要です。

●程よい距離感とは「こうあるべき」「こうでなければ」等の大人の価値観や常識は抑えて。時には真剣に考えた介入は大事です。

●子どもの発想を受け止めて深め、寄り添うサポートをしましょう。

年少の子どもには

●難しいと思われるかもしれませんが、新聞紙でつくったテルテル坊主のようなカタマリでも、キャラクターとしてあそびます。

●「どこ」「なに」では、大きな紙に森などの絵を描いておき、子どもたち

に描きたしてもらいながら進めていったらどうでしょう。年齢に合わせてできることを見つけてください。

1人でもできること

本書は、園や学校でのイベント、お友だちと複数人で人形づくりと人形劇をすることを想定していますが、1人でもいろいろなことができます。

発表会の司会や、面と向かっていいにくいことをいう時などに、人形は頼りがいのあるステキな相方になります。

1人の場合も、インタビュー項目にそってキャラクターをつくってください。すると、自分とは違う性格になってみたり、自分とは違う話し方になったりしておもしろいです。

人形が登場すると注目度最高、子どもたちの視線が集中します。

なぜ人形に注目が集まるのでしょうか？ 人の場合、目や口の表情など情報量が多いのに比べて、人形はフォーカスしやすい。また、動かない人形の顔は、見る人が想像力を重ねて見るからではないでしょうか。

安心と安全なあそび

けがや事故への安全対策はもちろんですが、ここでは気持ち（心）の安全と安心感です。子どもに限らず、だれでも、心ないひと言が胸にぐさりと刺さることがあります。

＜焦らせない＞＜比べない＞＜強制しない＞どんな問題でもまず受け止めて話し合うことを意識して子どもと向かい合っています。

でも、時間が迫ると急がせたくなります。そんな時、表現あそびをしている方からもらった「6つのR」を心がけます。

6つのR

1. Relax	リラックス（ゆったりくつろぐ）
2. Refresh	リフレッシュ（気分一新・気分転換）
3. Response	レスポンス（返答・反応・返事）
4. Reaction	リアクション（応答・反応）
5. Realize	リアライズ（気づき）
6. Respect	リスペクト（尊重・尊敬）

小さなことにも「リアクション」と「レスポンス」。言葉で対応できなくとも「へ〜〜」「うんうん」など短い相槌を。どんなことにも「リスペクト」。いいとこ探しを忘れずに。難しい「リアライズ」は感じるアンテナをみがき続けることが大切ですね。

人形劇で
生きる力を育む

叶　雄大
（劇作家・演出家・表現教育家）

「演劇的手法を用いた教育プログラム」とは、個人の感覚・感性を磨くことからはじまり、自分の力に自信を持ち、他者を理解しながら、共に創作創造を行う活動へと発展していく。

　この活動はコミュニケーション能力を育み、よりよき未来を想像する力・生きる力を育むことを目的として行われる。

　特筆すべき点をあげると、新聞紙を使った人形創作が初めにあげられる。その手順は、いくつかの基本はあるが、どれも難しいものではなく、個人個人での変化がつけられる。

　新聞紙という素材の特性として、失敗してもすぐ取り返しがきく、もったいなくない。という言葉が参加者からも出ていたが、工作の上手い、下手という考え方はその場には存在せず、1人ひとりがリラックスして創作に取り組み、指先を動かしながら、集中して作業をする中で、想像したことを形にしていく。余裕が出てくると、隣で作業している人と見せあったり、褒めあったりしながら、初めて会った人とも小さなコミュニケーションが生まれていた。この人形創作の場には、「失敗してもよい」し、どんなアイディアも「否定されない」場所で、自分のアイディアに「集中できる環境」が揃っている。つまり「安全に自己表現ができる場所」である。そんな場ができ上がれば「コミュニケーション」は自然と生まれてくる。その後は、指導者からの、想像力を刺激する言葉がけから、人形であそぶ中で、キャラクターが生まれ、それぞれの創作した「考えやアイディア」を発信しあい。受け入れあうということが自然に行われていく。自分の表現が受け入れられたのだから、他者の表現も受け入れることにつながるのは自然なことだろう。

　そして、その場に出たたくさんのアイディアを、どうやったら1つにまとめることができるか？　みんなで納得できる形になるか？　を考えていく。このことはコミュニケーションで起こる「問題解決」の基礎でもあり、物語や演劇の創作創造そのものでもある。

　ここで人形のもつ力にも注目したい。「安全に自己表現できる場所」に出会えず、表現をしようとした時に、つまずく原因が、自分を否定されるのでは？　という恐れ・不安から、自分の発信・表現ができなくなることだ。しかし、人形を効果的に使うことで、このハードルはかなり低くなる。人形は自分の考えや憧れを「投影」するモノではあるが、あくまで「自分ではない」のだ。防御壁にもなるし、普段いえないことをいうための拡声器にもなる。人前に出るのが苦手であっても、人形を持つと、生き生きと表現できてしまう参加者が多いのは、出ているのは自分ではなく人形であり、注目を浴びているのも人形である。そういった心理が、参加者自身が理解していなかったとしても、はたらくのではないだろうか？　さらにいえば、上手く行った時の気持ちや、評価は自分の物だから、いいことづくめであるともいえる。上手く使えば、人間にはできない動きや表現もできるし、多少の理不尽や不条理も、その人形の魅力に変えてしまう力が、人形にはあるのだから、初心者からプロまで表現に活かせる「優れモノ」だ。

　（中略）

　なによりも、身近に「安全に自己表現できる場所」があり、「それを支えるプロ」がいて、そこで一緒に人形劇を創った「仲間」がいる。これらのことは、少なくとも「生きる力」にプラスにはたらくはずだ。

＊この原稿は、2021年、ブーク人形劇場「人形教室3日間コース」に参加した際、「表現教育家として見た『人形劇の造形から表現あそび』」と題して寄せられたものです。内容を一部省略して掲載しました。

あとがき

みなさん！ ガサゴソグシャグシャ新聞紙と仲良くなれましたか？
あなただけの素敵な人形に会えたでしょうか？

　作文苦手、感想文嫌いのわたしが四苦八苦の執筆中、同時進行で
新聞紙人形ワークショップがありました。内容は、この本で紹介し
たものと同じプログラム。年齢も参加動機もさまざまな参加者は、
新聞紙という未知の材料に「これで人形をつくる？　どんな劇にな
るの？」とはてなマークいっぱい。でも、つくりはじめると黙々
と新聞紙と格闘。ガサゴソクルクルバリバリ……聞こえるのは新聞
紙を丸めたり破いたりする音だけ。一心に集中すること1時間半程。
誰にも真似できない世界で1つだけの人形の完成！
　同じ材料、同じ手順でつくったのに、それぞれ違う表情をもつ個
性豊かな人形ができあがり毎回びっくりします。互いに見せ合って、
ほめたり感心したりする満足げな顔を見るのが、わたしの至福の時
です。
　人形づくりで起こる集中力と連帯感は、対面であればこその化学
反応といってもよいと思うのですが、いったいなにがこの集中力を
起こさせたのか？　3年間子どもたちと人形劇教室を一緒に体験
した叶雄大さんが、この疑問を「人形劇で生きる力を育む」(p80)
として書かれています。併せてお読みください。

　それにしても心配なのは新聞の発行数の激減。スマホだけでは広
い社会は見えませんよ。次代に生きる子どもたちが情報・社会にも
つながる「新聞」に関心をもってほしいと思います。
　たとえば新聞から時事ネタを集めて、物語と劇づくりをしたらお
もしろいのではないでしょうか。機会があったら中高生と「新聞紙
人形」のワークショップをやりたいと思っています。

最後に、資料や会場の提供、さまざまなサポートをしてくれたプーク人形劇場のみんなに感謝いたします。

　そして、巻き込まれたのか？　巻き込んだのか？「わけちゃん」。迷走するわたしの軌道修正をしつつ、かわいい絵と一緒に最後まで走ってくれてありがとう！

　進まぬ原稿の催促をする憎まれ役をかって出てくれた編集の内田さん、寿命を縮めたのではないでしょうか。そしていかだ社の新沼社長。打ち合わせの時、手近にあったヘンテコな新聞紙人形（写真）を見て「これで行こう！」といったそのひと言が、この本が世に出るはじまりでした。

　みなさんありがとうございました。

　そしてこの本を手に取って、最後までおつきあいくださった読者の皆さんにも感謝です。この本が本のままで終わりませんように！と、ただただ祈るワタクシです……。

　2023年10月好日

　　　　　　　　　　　　　　　　　　　　　　渡辺真知子

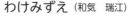

プロフィール

渡辺真知子（わたなべ　まちこ）

新潟県十日町市雪国生まれ。練馬区在住。
保育短大卒業後、保育者にはならず人形劇団プークに入団。
俳優、演出、舞台監督を経て、プーク人形劇場の企画運営に携わる。
保育者や子ども劇場、地域の文化活動に新聞紙の人形劇ワークショップ行脚。
プーク退団後も「人形劇教室」とつかず離れずの距離で指導をしている。
日本人形劇人協会事務局。
うお座・B型。

わけみずえ（和気　瑞江）

香川県善通寺市に生まれ、さぬきうどんで育つ。香川県丸亀市在住。
東京学芸大学入学と同時にうっかり人形劇をはじめ、卒業後、おもちゃ屋に就職するも、結局人形劇の道へ。いくつかの人形劇団を旗揚げしては解散し、現在はひとりで「わけちゃん」として活動。人形劇・ペープサート・パネルシアターなどの上演、指導など、お呼びがかかればどこへでも参上！　短大の保育科などで、非常勤で学生に児童文化などを指導。
うお座・B型。

●参考資料　「つくって楽しい、劇あそび　人形劇教室『子どものための舞台芸術に携わるすべての人へ①、②』」（プーク人形劇場編）
●協力　プーク人形劇場／NPO法人日本ウニマ／所沢こどもルネッサンスあかさたな人形教室
●イラスト　わけみずえ　●写真　片野田　斉／渡辺真知子
●編集　内田直子　●本文DTP　渡辺美知子デザイン室

わくわくシアター　新聞紙で人形づくり&劇あそび

2023年12月8日　第1刷発行

著　者●渡辺真知子・わけみずえ
発行人●新沼光太郎
発行所●株式会社いかだ社
　　　　〒102-0072東京都千代田区飯田橋2-4-10加島ビル
　　　　Tel.03-3234-5365　Fax.03-3234-5308
　　　　ウェブサイト　http://www.ikadasha.jp
　　　　振替・00130-2-572993
印刷・製本　モリモト印刷株式会社

©Machiko WATANABE, Mizue WAKE, 2023
Printed in Japan
ISBN978-4-87051-591-8
乱丁・落丁の場合はお取り換えいたします。
本書の内容を権利者の承諾なく、営利目的で転載・複写・複製することを禁じます。